나의 집이 되어가는 중입니다

나의 집이
되어가는 중입니다

1936년에 지어진,
작은 한옥 수선기

황우섭 사진
이현화 글

20대 중반부터 책을 만들며 살았다. 내 일을 처음 시작할 때부터 지금까지 한결같이 좋아한다. 좋아하는 일을 하며 먹고도 살 수 있으니 삶에 대한 만족도가 꽤 높은 편이다. 책을 쓰는 분들은 따로 있고 나는 평생 만드는 일만 하게 될 줄 알았다. 책을 쓰게 될 거라고는 예상하지 못했는데 어쩌다 이렇게 되었다.

2017년 여름 우연히 집 한 채와 인연이 닿았다. 그 인연은 변화를 불러일으켰고 또 다른 변화를 연달아 불러왔다. 그로부터 약 일 년 반, 경기도 신도시 아파트에 살던 나는 서울 오래된 골목길의 한옥에 살게 되었다. 출판사 편집자이자 직장인으로 건실하게 살던 나는 매우 불안정한 1인 출판사의 어설픈 대표가 되었다. 이 책은 말하자면 집 한 채가 불러일으킨 변화 앞에 선 나의 응전應戰의 기록이다.

25년여 책을 만들고 산 덕분에 나를 둘러싼 모든 관계는 대개 책을 매개로 이루어졌다. 저자와 편집자로 만났다가 언젠가부터 나이를 불문하고 좋은 친구가 된 이들이 적지 않다. 이 책의 파트너 사진작가 황우섭 역시 그런 친구다. 나는 그의 사진을 좋아하고, 그와 나누는 대화를 사진보다 더 좋아한다. 나보다 훨씬 먼저 한옥을 수선한 경험을 가진 그는 이 집의 계약 이전부터 짓는 내내 어디에서도 얻을 수 없는 값진 조언을 수도 없이 해줬다. 사람과 사람이 자주 만나면 꼭 일이 일어나게 마련이다. 농담 반 진담 반 이 집을 고치는 과정을 작가로서 촬영해보는 게 어떻겠느냐고 말을 건넸는데 영문도 모르는 그가 덥석 수락을 했다. 처음에는 가볍게 한두 장 찍을 요량이었던 그는 갈수록 집주인인 나보다 공사 현장을 더 자주 찾는 사람이 되었다.

인물과 공간의 사진을 주로 찍는 그는 건축물에 투영되는 빛과 그림자를 주로 포착한다. 건축물의 물성에 따라 변화하는 빛의 성질에 예민할 수밖에 없는 그는 인공적인 재료로 마감한 건물보다는 재료 그 자체를 드러낸 건물을 촬영의 대상으로 선호한다. 매우 현대적인 건축물이 대상의 범주 안에 있었다. 그런 그가 어쩌다 이 작은 한옥 한 채를 열심히 찍게 되었을까. 한옥이 나무와 돌, 종이로 만들어진 집이라는 데 답이 있다. 한옥은 어떤 현대 건축보다 물성 그 자체가 고스란히 드러나는 건축물이다. 나무와 돌, 종이 위에서 빛과 그림자는 춤춘다. 사진작가의 눈에 그것이 보이지 않을 리 없었다. 그의 발걸음은 잦아졌고 빛과 그림자를 담은 사진 덕분에 나는 이 집에 흐르는 유의미한 시간의 역사를 간직할 수 있게 되었다.

책을 만들면서 줄곧 떨치지 못한 고민을 조심스럽게 밝히고 싶다. 나는 단지 공들여 지은 집을 전시展示하는 책을 만들고 싶지는 않았다. 이 집을 두고 '어떻게 지을까'에 대한 고민만이 아니라 이 집에서 '어떻게 살까'를 더 고민했고 그런 고민을 공간에 반영하기 위해 노력했다. 이 책을 통해 집이라는 물리적 공간이 그 안에 사는 사람의 삶과 관계를 맺는 하나의 방식을 독자들과 나누고 싶었다. 같은 원고라도 편집자에 따라 매우 다른 책이 만들어진다. 편집자의 판단과 취향에 따라 책의 만듦새가 달라지기 때문이다. 나는 집도 그럴 수 있지 않을까 싶었는데 나의 이런 생각이 독자들에게 어떻게 닿을지 궁금하다.

처음에는 이 집의 수선에 참여한 몇몇 분들 그리고 주변의 가까운 이들과 나눌 만한 작은 책을 몇십 부 정도 만들까 했다. 그러기 위해서라도 수선의 과정을 기록으로 남기는 게 좋을 것 같아 인터넷 매체와 블로그 등에 글을 올렸는데 예상치 못한 큰 반응을 접했다. 어쩌면 공간을 만들어가는 나의 고민에 동의하는 독자들이 있을 지도 모른다는 생각에 책을 내겠다는 용기를 냈다. 한 번 공개된 글을 그대로 책에 싣고 싶지는 않아 거의 다시 쓰느라 생각보다 시간이 꽤 걸렸다.

이 책을 쓰고 만들면서 역시 나의 본령本領은 편집자라는 걸 깨달았다. 이 민망함을 무릅쓰고 책을 세상에 내보내는 것은 연재의 글이 올라올 때마다 지켜봐주고 무명의 블로그에 일부러 찾아와 따뜻한 성원을 보내준 독자들 덕분이다. 책은 책을 읽어주는 분들을 위해 존재한다. 그분들 덕분에 이 책이 존재한다.

2019년 봄
이현화

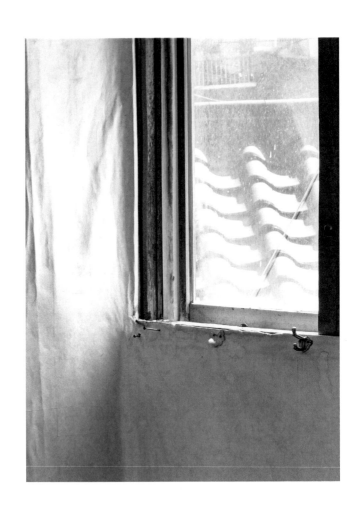

차례

번화한 서울 시내 한복판을 비껴 세 번을 꺾어 들어가는 골목길 안에 작은 한옥 한 채가 있다.

이 집은 1936년부터 이 자리에 있었다.

다시, 시작

2017년 6월. 작은 집 한 채와 연이 닿았다. 1936년 6월 2일부터 같은 자리에서 한 일가의 생로병사를 지켜보던 집. 70대 후반 집주인 어르신은 이 집에서 자라 결혼하고 자녀를 낳고 키우셨다. 어느덧 자녀들은 장성하여 분가 독립했다. 부인은 일찍 세상을 떠나셨다. 2016년 겨울, 이 집에서 어르신을 키우신 100세 넘은 부친의 마지막을 지켜보셨다. 그리고 이 집을 떠나기로 결심하셨다. 그 어르신 앞에 내가 서 있다.

2017년 8월. 두 달여 동안 집주인 어르신과 건조한 만남을 몇 차례 가졌다. 떠나고 싶은 어르신과 들어오고 싶은 나. 밀고당기기의 국면에서 대부분 승리는 어르신 차지였다. 원하는 마음이 큰 쪽이 약자였다. 이 집이 좋았던 나는 약자였고 기꺼이 패자의 자리에 섰다. 어르신과의 만남의 자리에 서서히 온기가 돌았다. 마침내 계약서에 서명. 얼마 후 이 집 대문 열쇠를 받아들었다. 이 집은 내 것이 되었다.

2017년 12월. 이 집의 나이는 이미 여든 살이 넘었다. 여기에서 살기 위해서는 손을 대야 한다. 어떻게 고쳐 지을까를 두고 여러 사람이 함께 궁리를 시작했다. 집의 설계를 맡은 건축가와 실제로 지어줄 시공사와 짓고 싶은 집에 대해 많은 이야기를 나눴다. 주변에서 한옥에 관심이 있거나 고쳐서 살았던 분들, 한옥이 아니어도 집을 지어본 적이 있는 분들의 경험담에 귀를 기울였다. 책과 인터넷 사이트의 탐색으로 밤을 패는 날들이 이어졌고, 서울 시내 남아 있는 한옥 중 보존 상태가 좋거나 잘 고쳐진 집들을 숱하게 찾아다녔다.

2018년 3월. 봄날의 초입. 겨우내 닫혀 있던 집 대문이 다시 열렸다. 집주인 어르신의 손때 묻은 열쇠로 문을 열고 들어와 앉았다. 쪽마루에 가만히 앉아 있으니 마당에 드는 햇살이 시간에 따라 점점 흘러간다. 이 집은 곧 1936년에 지어진 이래 가장 큰 변화를 경험할 것이다. 그 변화의 주체이자 결정권을 가진 나는 이 집에 쌓인 시간을 존중할 것이다. 빈 마당을 바라보며 그렇게 다짐했다.

변심

어느 날 내 삶 속으로 집 한 채가 불쑥 들어왔다. 집 한 채를 갖기 위해 큰 마음을
여러 번 먹어야 했다. 해결하고 마련해야 할 것이 아주 많았다.

직장 생활 4년차에 독립을 했다. 다세대 주택 방 한 칸짜리 집에서 시작했다. 해를
거듭하며 다세대 주택 방 두 칸짜리 집, 43제곱미터(13평) 오피스텔, 53제곱미터(16평)
아파트, 73제곱미터(22평) 아파트를 거쳤다. 월세와 전세를 거쳐 받을 수 있는 만큼
대출을 받아 내 집을 마련해 살았다. 대출금을 다 갚고 나자 마흔 전후가 되었다.
그 나이의 보통 사람들처럼 나 역시도 이른바 노후를 생각하기 시작했다. 20대 중
반부터 책을 만들기 시작했다. 책을 만드는 일은 언제나 즐거웠다. 하지만 10년 후
에도 즐거울까? 자신할 수 없었다. '그때쯤'이면 책 만드는 걸 그만두고 싶을 것 같
았다. 눈도 침침해져 원고나 제대로 볼 수 있을까? 자연스럽게 편집자를 그만두고
뭘 할 수 있을까 궁리했다. 나는 작지만 마당이 있는 집 한쪽에 책방을 꾸리며 사
는 일상을 머리에 그렸다. '그때쯤'부터는 책 만드는 건 그만두고 다른 사람이 만든
책을 팔면서 살면 좋을 것 같았다. 임대료를 내지 않고 내 집 한쪽에서 책방을 하
면 큰 돈을 벌지 않아도 어떻게든 살아갈 수 있을 것 같았다. 막연한 생각인 건 알

았지만 편집자로 살다가 책방 주인이 되는 건 얼핏 낭만적으로 느껴지기도 했다.

그 무렵부터 시간이 날 때마다 '10년 후부터 살' 집을 알아보러 다녔다. 내 손에 쥔 것과 앞으로 쥘 수 있는 가능성을 전제로 예산의 범위를 세워놓았다. 마침 은행의 대출금도 다 갚았겠다, 저축에 신경을 쓰기 시작했다. 편집자 월급으로 어차피 큰 돈을 모으기는 어려우니 처음에는 상대적으로 집값이 싸고 마음에 드는 지역 도시 인근을 주로 찾아다녔다. 부여, 목포, 여수, 전주, 군산 등 오래된 골목을 품고 있는 지역의 도시들과 인근을 훑고 다녔다. 여행은 좋은 핑계가 되어주었다.

그러다 '어차피 살 수는 없겠지만 구경해보는 거야 나쁘지 않겠다'는 생각이 들어 서울 시내 오래된 동네 중 마음에 드는 곳을 지나게 되면 무작정 부동산 중개업소의 문을 밀고 들어가곤 했다. 부암동, 구기동, 불광동, 연남동, 연희동, 망원동, 통인동, 후암동 등 오래된 골목길과 그 인근도 빠질 수 없었다. 마음에 드는 집을 만났을 때 손에 쥔 것의 빈약함으로 좌절이 점철된 나날이었다. 몇 년 전 마음에 두었던 집이 몇 년 후 몇 곱절 값이 뛴 것을 알았을 때는 저절로 한탄이 새어나왔다. 그럴수록 꿈은 구체화되었다. 내가 감당할 수 있는 집의 크기, 그 집을 품고 있을 골목길의 풍경을 마음속으로 자세하게 그려나갔다.

세월은 생각보다 빨랐다. 예정한 10년 후가 거의 다가왔는데도 책 만드는 건 여전히 재미있었다. 눈도 아직은 쓸 만했다. 습관처럼 집을 보러 다니면서도 슬슬 다른 마음이 들기 시작했다. 여기 생활을 다 정리하고 지역에 내려가 사는 게 생각처럼 과연 쉬울까? 그렇다고 서울 시내에 마당 있는 집을 사는 일이 과연 내 능력으로 가능한 일일까? 책 만드는 일 그만두고 책방을 해서 과연 먹고 살 수는 있을까? 그냥 지금처럼 이렇게 열심히 회사 다니며 늙어가는 것도 좋지 않을까? 그러다가도 더 늦기 전에 뭔가를 결정해야 하는 건 아닌지 오락가락하는 나날이었다.

이 집을 만난 건 바로 그런 때였다. 숫자에 매우 약한 나는 덧셈과 뺄셈을 제대로 해보지도 않고, 대강의 어림짐작과 다분히 희망 섞인 가능성만으로 뒷감당에 대한 대책도 없이 덜컥 이 집을 사겠다고 말을 뱉어버렸다. 손에 쥔 것이 많아서 엄두를 낸 게 아니었다. 대출 없는 신도시의 소형 아파트, 지난 10년 동안 모아둔 현금 얼마가 손에 쥔 전부였다. 게다가 살던 집을 팔기 전에 이사 갈 집을 먼저 사지 않는 건 부동산 매매의 기본 중 기본이었다. 나는 그 기본조차 지키지 않았다.

그 덕분에 평온하던 일상에 대격변이 일어났다. 인생 최대의 프로젝트를 감행하기에 통장의 숫자는 참으로 빈약했다. 낯선 상황에 자주 놓였고 그때마다 당황했고 전전긍긍했으며 속이 타들어간다는 말이 무슨 뜻인지 제대로 맛봤다. 그런데 괜한 일을 했다는 후회는 전혀 들지 않았다. 어느 날 집주인 어르신의 마음이 바뀌어 계약이 파기되었다는 꿈을 꿨다. 가슴이 철렁 내려앉았다. 얼마나 놀랐는지 저절로 잠이 깼다. 오밤중에 자다가 벌떡 일어나 이 집을 내가 얼마나 원하는지 실감하기도 했다.

집 한 채가 일으킨 파장은 '통장' 안에서 끝나지 않았다. 이 집은 나의 '10년 후 삶'의 내용을 바꾸게 했다. 10년은 짧은 세월이 아니다. 그동안 나는 책방을 꾸리는 것에 대해 내내 심사숙고했고 진지하게 준비해왔다. 하지만 고민의 무게가 가벼워지지는 않았다. 그런데 이 집을 사겠다고 말을 뱉고 나니 뜻밖에 모든 고민이 단순해졌다. 아직은 책 만드는 걸 그만두고 싶지 않다는 마음이 뚜렷해졌다. 이 집에서 책을 만들면서 살고 싶었다. 그렇다면? 집에서 책을 만들며 살려면 내가 직접 출판사를 차리는 게 제일 좋았다. '1인 출판사'가 머릿속에서 튀어나왔다. 주위의 선배,

동료, 후배 들이 시작하는 모습을 보면서도 엄두를 내지 못했던 일이었다. 회사를 운영하는 내 모습이 영 그려지지 않았고, 기획부터 영업까지는 물론이고 무시무시한 회계 업무까지 혼자서 이리 뛰고 저리 뛰고 해야 하는 일이 버겁게만 여겨졌다. 하지만 내 맘에 들게 잘 고친 집에서 책을 만들며 살 생각을 하니 못할 것도 없을 것 같았다. 나는 출판사를 시작하기로 결정했다. 다니던 회사와 정리의 수순을 밟았다. 마음이 복잡하긴 했으나 무겁지는 않았다. 주위에서는 하나같이 잘한 결정이라고들 해줬다. 인생, 참 알 수 없다고 생각했다.

몇 년 후에 또는 다른 집을 만났더라면 나는 어쩌면 '예정한 대로' 책방을 꾸렸을지 모른다. 시간이 더 지난 뒤였다면 정말로 책 만드는 일을 그만두고 싶어졌을지도 모른다. 책방을 하기에 더 좋은 크기와 위치의 집을 만났더라면 책방 주인이 되었을지도 모른다. 그런데 '하필' 이 타이밍에 불쑥 내 앞에 나타난 집 덕분에 나는 24년 남짓 만들어온 책을 이 집에 살면서 남은 평생 더 만들며 살아야겠다고 마음을 먹어버렸다. 과연 이 낡고 오래된 집이 나의 비빌 언덕이 되어줄까? 보통 이런 자문에는 긍정과 부정의 답을 속삭이는 천사와 악마가 동시에 등장하는 것이 일반적이다. 그런데 이미 마음을 뺏긴 내 눈에는 이 모든 것이 누군가 나를 위해 은밀히 준비해 둔 큰 그림인 것만 같았다. 그렇게 나는 집 한 채를 산 뒤 책방 주인을 하겠다는 오래된 계획을 언제 그랬냐는 듯 잊어버렸다. 그렇게 나는 바뀐 마음을 부여잡고 1인 출판사의 대표가 되는 길로 들어섰다.

도시형 한옥

1936년에 지어진 이 집은 이른바 '도시형 한옥'이다. 1930년대부터 개발되어 1960년대까지 서울 지역에 지어진 한옥을 이렇게 부른다. 일제강점기를 거치며 서울에는 전국에서 몰려든 이들로 갑자기 인구밀도가 높아졌는데 이들이 살 집이 충분할 리 없었다. 당연히 주택난이 심각해졌고 이를 해결하기 위해 주택개발업자들은 도시의 새로운 주거 생활 방식에 맞는 한옥을 지어 공급하기 시작했다. 이들은 서너 채부터 몇십 채까지 나름의 규격화된 집을 동네마다 모아놓고 지어서 팔았다. 내가 산 이 집도 옆집과 앞집 그 옆집까지 모두 한옥이다. 집주인 어르신 말씀에 따르면 지금은 빌라가 들어선 옆집도 원래는 이 집과 똑같은 구조의 한옥이었다. 그 빌라를 지을 때 이 한옥도 헐고 함께 짓자는 제안을 받았지만 어르신은 거절했고 그 덕분에 이 집은 나와 인연이 닿았다.

도시형 한옥의 등장 이전까지 집이란 대부분 지은 사람과 거기 사는 사람이 같았다. 집주인이 목수나 일꾼을 고용해서 집을 짓고 그 집에서 주인이 사는 것이 당연했다. 하지만 도시형 한옥은 주택개발업자, 소위 '집장수'라 불리는 이들이 지어서 파는 집이었고 이때부터 집도 자연스럽게 매매의 대상이 되는 품목 중 하나가 되었다.

도시형 한옥은 개량한옥이라고 부르기도 하는데 한꺼번에 몇 채씩 지어지게 되니 일종의 규격화가 이루어졌다. 집의 구조는 대부분 ㄱ자형이나 ㄷ자형으로 중앙에 마당을 두는 모양이 일반적이었다. 이로써 사생활을 보호할 수 있었고, 외부와 내부의 경계인 마당을 포기하지 않아도 되었다. 규격화된 구조는 곧 목재는 물론 다른 자재들의 규격화를 의미한다. 한꺼번에 많은 물량을 소화하고, 집의 구조도 엇비슷하니 재료의 생산과 이동은 물론 공정의 모든 과정이 순조로웠고 이는 곧 공사 기간의 단축과 높은 효율성으로 이어졌다. 도시형 한옥은 근대 주택의 도입과 별개로 서울 시내 곳곳에 매우 빠르게 확산되었다. 오늘날까지 서울 시내에 남아 있는, 문화재가 아닌 일반 주거용 한옥으로 흔히 볼 수 있는 집의 구조가 엇비슷한 것은 이런 이유 때문이다.

사는 사람 맘에 들어야 잘 팔리는 것은 집도 마찬가지다. 집장수들은 이 당시 대중들이 원하는 바를 도시형 한옥에 적극적으로 반영했다. 새로운 재료의 사용을 빼놓을 수 없었다. 벽돌과 유리 그리고 함석이 대표적이다. 함석으로 지붕 끝에 물받이를 만들어 달기 시작했고, 마루 밑을 벽돌로 막아 쥐가 드나드는 것을 막았다.

벽돌은 굴뚝이나 담장 등의 장식 효과를 내기에도 좋았다. 그리고 여기에 유리를 빼놓을 수 없었다. 한지로 마감한 한식 창호는 보온과 단열에 취약했다. 관리도 어려웠다. 새롭게 등장한 유리는 기능적인 것은 물론 보기에도 좋았다. 이로써 도시형 한옥의 대청에 유리문이 달리기 시작했고, 각 방마다의 창호에도 유리창은 매우 당연한 요소가 되었다. 개량한옥이란 말은 이전 시대와 다른 건축 재료를 썼다는 것에서 유래했다고도 한다.

나는 도시형 한옥에 관한 이런 이야기를 내가 만든 책을 통해 접해왔다. 성균관대학교 건축학과 명예교수이신 임창복 선생님이 쓰신『한국의 주택, 그 유형과 변천사』와 건축학자이자 가톨릭대학교 교수이신 전남일 선생님의『집, 집의 공간과 풍경은 어떻게 달라져 왔을까』를 만들면서 우리나라 주택의 변천 과정을 무척 흥미진진하게 지켜보곤 했다.

물론 이런 책들을 만들 때만 해도 내가 바로 그런 도시형 한옥에 살게 될 거라는 생각은 하지 못했다. 하지만 서울 시내 집을 보러 다니면서 실제로 도시형 한옥을 보는 일이 잦아졌다. 나는 책 속에서 문장과 자료 사진 등으로만 보던 도시형 한옥이 처음 지은 그 모습 그대로 남아 있다는 것이 신기했고, 가능하다면 1930년대부터 하나의 공간에 쌓인 그 시간들을 잘 간직해서 남겨두고 싶다는 마음이 들었다. 그리고 혜화동 골목에서 이 오래되고 작은 한옥의 낡은 문을 열고 들어왔을 때, 80여 년 전에 지은 그 모습을 그대로 품고 앉아 있는 이 집이 내게 손을 내미는 것 같았다. 내가 마음속에 그리고 있던 내 집이, 있었으면 하고 바라던 것들을 고스란히 품은 채로, 마치 나를 기다리고 있기라도 한 것처럼. 그 손을 맞잡지 않을 도리가 내게는 없었다.

"눈에 콩깍지가 씌었던 게지"

"다 쓰러져 가는 이 집 때문에 골목 안이 온통 칙칙했어요."

집 근처에서 만난 이웃 분은 이렇게 말씀하셨다. 세월이 어디 아름답게만 쌓였을
까. 처음 지을 때로부터 생활의 방식이 달라지면서 갈수록 불편함도 커졌을 것이
다. 이 집의 말년은 역시 삶의 말년을 보내는 두 노인과 함께였다. 어디에서부터 손
을 대야 할지 엄두가 나지 않아 견디며 지내셨다고 했다. 간혹 어울리지 않는 페인
트로 세월의 때를 가리기도 했지만 그 페인트는 곧 벗겨지고 그 자리에는 녹이 슬
었다. 안주인이 살아 계실 때는 이보다는 나았다고 하는데 두 부자만 남은 뒤로는
집을 돌볼 여력이 더 없었을 것이다. 그런 집이 내 눈에는 왜 좋아 보였을까.
지붕의 곡선 탓이다. 하나를 보면 열을 안다고 했다. 세월로 가려지지 않는 지붕의
고운 선이 좋았다. 이런 지붕이라면 이 집의 '처음'은 모두 좋았을 것이라는 근거 없
는 믿음이 생겼다. 이런 나를 두고 '콩깍지'를 논하지 않는 사람이 거의 없었다. 이
믿음은 절반은 맞고 절반은 틀렸다.

중문의 존재

이 집의 대문을 열면 또 하나의 문이 나온다. 중문이다. 골목길과 집 마당의 경계. 세상의 공간에서 집 안의 공간으로 들어가는 완충의 지대다. 오래된 도시형 한옥을 둘러볼 때마다 중문이 좋았다. 중문을 없애고 그 자리에 방이나 현관을 들여 대문을 열자마자 곧장 집 안으로 들어서게 고친 집들을 종종 보았다. 좁은 집을 넓게 쓰기 위해서 그랬겠지만 그렇게 얻은 공간의 효율보다 중문이 주는 매력이 내게는 더 커보였다.

처음 이 집에 들어왔을 때 나도 모르게 '그렇지' 하고 고개를 끄덕였다. 대문 안으로 몸을 들여놓으니 마당 안에 쏟아지는 햇살의 일부가, 얼핏 보이는 마당의 한조각 풍경이 먼저 눈에 들어왔다. 나는 줄곧 떠올렸다. 이 집이 내 것이 되고, 나와 더불어 새로운 시간이 열리면 나는 집 밖에서 들어설 때마다 이곳에서 옷과 신발에 묻은 먼지를, 번잡한 마음을 말끔히 털어낼 것이다. 햇살이 머문 마당을 가로질러 집 안으로 들어갈 것이다. 생각만 해도 그저 좋았다.

세월의 흔적

이 집의 모든 것은 다 오래되고 낡았다. 지붕은 기울어졌고 방바닥은 꺼졌으며 벽은 허물어지고 있었다. 이 집을 내게 파신 어르신의 말씀에 따르면 이 작은 집에 3대가 함께 산 적도 있었다. 식구 수도 많았다. 그 때문에 대청은 진작 방이 되었다. 방 한 쪽을 차지하는, 기울어져 제대로 열리지 않는 문짝만이 남아 이곳이 언젠가 대청이었음을 보여주고 있었다. 오래되고 낡은 문이다. 이 집에 흐른 80여 년의 세월 탓이다. 하지만 눈에 보이는 게 다가 아니다. 오래되었다고 모두 누추한 것은 아니다. 비틀린 문짝의 문살은 두께도 일정하고 공들여 다듬어 마무리한 흔적이 고스란히 남아 있다. 이 집이 지어질 때만 해도 한옥을 짓는 수요가 많았고, 수요가 많으니 일꾼들도 많았다. 그때 한옥을 짓던 이들의 솜씨가 지금보다 훨씬 좋았다고들 했다. 문짝은 휘었을지언정 문살은 꿋꿋하고 꼬장꼬장하게 세월을 버텨왔다. 80여 년 전 이 문짝을 만든 분은 아마도 세상에 안 계실 것이다. 문짝뿐이랴. 이름 모를 분들이 좋은 솜씨로 지은 이 집에서 나도 정성을 다해 살고 싶다.

나란히나란히

이 집을 사기는 했으나 바로 들어와 살기는 어려웠다. 집을 고치는 일을 주로 수리修理한다고 하지만 한옥은 수선修繕이라고 한다. 나는 이 집에 이미 쌓인 80여 년의 시간을 존중할 줄 아는, 그 존중을 바탕으로 이후의 시간을 새롭게 이어가려는 내 뜻을 잘 헤아려줄 사람들의 도움을 받기로 했다. 건축가, 시공자, 주변의 가까운 이들이 이 집을 둘러보았다. 사람마다 이 집에서 마음에 드는 구석으로 꼽는 곳이 제각각이었다. 나란히 모아놓은 창호들의 정렬은 함께 일하기로 한 모두의 마음을 사로잡았다. 누구든 이 집에 온 사람이면 자연스럽게 맞은편 쪽마루에 걸터앉아 이 모습을 가만히 바라보곤 했다. 단정한 배치도 좋았고, 오래된 문양의 유리창에 부서지는 빛도 좋았다. 어릴 때부터 '이 모양 이대로'였다는 집주인 어르신의 기억이 보태지자 더 좋았다. 같은 것을 같은 마음으로 바라보는 이들과 함께 수선의 긴 여정을 시작할 수 있어 좋았다.

반짝반짝

유리창의 무늬가 고왔다. 이런 무늬는 이제 나오지 않는다고 했다. 예쁘지만 연약
해서 쓸모가 없다고들 했다. 본디 아름다운 것은 불편한 법. 나는 이 유리의 쓸모
를 되살리고 싶었다. 쪽마루 건너편에서 이 유리창에 부서지는 햇빛을 꼭 다시 보
고 싶었다.

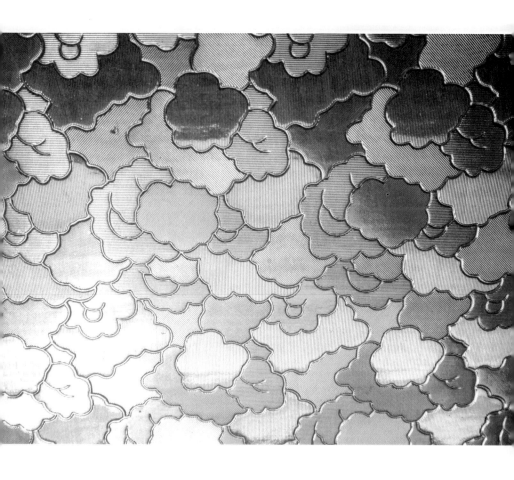

2017년 10월, 9시 44분의 방

지난 가을 작은 집을 가득 채웠던 집주인 어르신들의 세간이 모두 떠났다. 빈 방은 낡은 속살을 고스란히 드러내고 있었다. 집 안에 흐르는 시간은 2018년 3월인데 문간방은 2017년 10월에 멈춰 있다. 시계는 9시 44분에 멈춰 있다. 밤인지 아침인지는 모를 일이다. 2017년 가을부터 2018년 봄까지 인기척이 없던 몇 달 동안 멈춰 있던 시간이 이 집에 다시 흐를 때가 되었다.

개인의 삶에도 역사는 흐른다

집주인 어르신은 이 집을 팔고 살기 편한 아파트로 이사를 하셨다. 둘 곳 없는 세간들은 대신 버려달라며 남겨두셨다. 어르신의 아버님이 젊을 때부터 쓰셨다는 장롱도 그 중 하나였다. 손때 묻은 장롱을 두고 가는 어르신은 아마도 장롱과 함께한 시절을 여기에 두고 가셨을 것이다.

나는 이 집이 다 고쳐지면 아파트를 떠나 이곳으로 이사를 할 예정이다. 이곳으로 올 때면 역시 손때 묻은 많은 것을 두고 와야 한다. 사는 곳을 바꾼다는 것은 이 시절에서 저 시절로 옮겨가는 것을 뜻하기도 한다. 개인의 삶에도 역사는 흐른다. 사는 곳이 바뀌면 마주하는 풍경도 달라진다. 시절을 옮긴 뒤 나의 역사는 어디로 어떻게 흘러갈 것인가.

이해한다는 빈말

안방과 부엌 사이에는 문이 있다. 저 문을 통해 헤아릴 수 없는 밥상이 오갔을 것이다. 천장 위는 다락이다. 페인트로 가려졌지만 나무의 원래 꾸밈이 예사롭지 않다. 왼쪽 쪽문과 오른쪽 창문으로 햇살과 바람이 무시로 드나들었을 것이다. 문은 또한 단차를 넘나든다. 한옥의 단차는 아궁이에 불을 때던 시절의 유산이다. 아궁이는 사라졌으나 단차는 남았다. 한옥을 이루는 꽤 비중 있는 유전자다. 같은 공간 안에서 단차가 갖는 리듬감은 꽤 매력적이다.

처음 집을 보러 왔을 때 집주인 어르신은 나이 들어 이 집에 사는 게 힘들다고 하셨다. 이해한다고 답해드렸다. 이사를 가시고 나니 보이지 않던 민낯이 드러났다. 낡은 싱크대로 가려져 그 속을 보지 못했던 부엌의 실상과 마주하자 어르신의 말이 제대로 이해가 되었다. 흙벽의 틈과 뒤틀린 문짝을 비집고 들어온 한겨울 바람은 얼마나 사나웠을까. 이해한다는 말은 얼마나 빈말이었는가.

어르신은 이사를 하게 되어 속이 시원하다고 몇 번이나 말씀하셨다. 그럴 만도 했다. 이제 쌓여가는 시간을 버티느라 쇠락한 이 집의 고단함을 해결하는 것이 나의 몫이다. 이 집에서 무엇을 살리고, 무엇을 떠나보낼 것인가.

우리의 쓸 것

나무 기둥과 주춧돌은 깨지고 쪼개지고 닳고 부서지고 썩고 휘었다. 풍상을 견딘다는 말의 의미를 존재 자체로 드러낸다. 이 나무와 돌이 고스란히 받아야 했던 건 바람과 서리만은 아니었을 것이다. 한낮의 햇빛과 한밤의 어둠, 눈과 비, 열기와 냉기도 견뎠을 것이다. 버텨준 덕분에 이 집은 80여 년 전에도 오늘도 반듯하게 제자리에 서 있다. 버텨주기만 하면 앞으로 100년 후에도 이 집은 여기에 서 있을 것이다. 한옥 수선의 전제는 원형의 보전이다. 원형이란 기둥과 주추를 뜻한다. 한옥은 기둥과 주추가 집 한 채의 시작이자 전부이다. 우리의 쓸 것이 바로 여기에 있었다. 창연한 고색을 품고 있는 기둥과 주추는 앞으로도 오래오래 같은 자리에서 해오던 일을 해나가게 될 것이다. 이 집을 이루던 돌은 단 한 개도 집 밖으로 나가서는 안 된다. 이것이 수선 현장의 원칙이었다.

지붕의 입자

눈에 보이는 한옥 지붕의 '8할'은 기와다. 기와 한 장들이 모여 지붕을 이룬다. 한옥 수선은 선택의 연속이다. 있던 기와를 다시 쓸 것인가, 새 기와로 바꿀 것인가. 옛 날에는 동네마다 기와 만드는 곳이 있었다. 만드는 사람의 손맛에 따라 기와의 무늬가 달랐다. 요즘 기와는 공장에서 생산한다. 가볍고 튼튼하지만 표면이 매끈하고 무늬가 똑같다. 나는 있던 기와를 택했다. 표면이 거칠고 색깔과 무늬가 제각각인 기와색이 좋았다. 낡고 오래되었다고 무조건 다 쓸 수는 없다. 깨지고 금이 간 것은 안 된다. 옛기와를 다시 쓴다는 건 있던 자리에서 수백 수천 장의 기와를 내린 뒤 쓸 것 못 쓸 것을 가려내는 것을 뜻한다. 다시 지붕 위로 올라갈 때까지 현장 근처 어딘가에 차곡차곡 쌓아두었다가 다시 한 장 한 장 올리는 작업을 뜻한다. 그런 수고를 할만한 가치가 있느냐고 누군가 물었다. 나는 그렇다고 답했다.

쌓여 있는 시간이여 안녕,
새로 쌓을 시간이여 안녕.

나는 새로 고쳐 살 이 집의 80년 후를 떠올렸다. 이 집에 처음 살던 분이 이 세상에
안 계신 것처럼 그때 나는 없을 것이다. 그분은 안 계서도 이 집이 있는 것처럼 나는
없어도 이 집은 남아 있을 것이다. 집을 짓는 일이 세상에 뭔가를 남기는 행위라는
사실이 새삼스러워졌다. 나를 위한 집이기도 하지만 이 집은 내가 떠난 뒤 살아갈
얼굴 모를 누군가를 위한 일이라는 데까지 생각이 미치자 내 손에 쥐어진 이 공간의
결정권이 묵직하게 느껴졌다.
낡은 집의 오래된 곳마다 온통 시간의 흔적투성이다. 남아 있는 벽들은 흔적과 함
께, 흔적도 없이 곧 사라질 것이다. 그 자리에는 더 견고한 벽이 세워질 것이다. 그
벽에는 새로운 시간의 흔적이 쌓일 것이다. 사라질 시간이여, 안녕. 새로 올 시간이
여, 안녕.

한때 이 집을 반짝이게 했던 이 유리는 이제 사라지고 없다. 잘 간직해서 다시 쓰고 싶었지만 뜻대로 되지 않았다. 사진으로나마 볼 수 있어 다행이다. 남은 유리를 향한 애틋함이 더 커졌다.

분기점

철거 일정이 잡혔다. 집을 둘러싼 풍경이 사라질 때가 되었다. 비워야만 다시 채울수 있다. 마지막으로 집 안팎을 공들여 돌아봤다. 철거를 시작으로 이 집은 어떻게 변할 것인가. 기둥과 들보, 주추 등을 뺀 전부가 달라질 것이다.

나의 삶은 어떻게 변할 것인가. 완전히 달라질 것이다. 신도시를 떠나 서울에서 살게 될 것이다. 아파트의 편리함을 뒤로 하고 단독주택, 게다가 한옥 거주자라는 주거 소수자가 될 것이다. 주로 잠만 자던 집에서 하루 종일을 보낼 것이다. 출퇴근이 없는 불안한 자영업자가 될 것이다.

대문을 닫은 뒤에도 한참 서 있었다. 집을 잘 짓고 싶다는 마음, 사고가 없길 바라는 마음, 함께 일하는 이들과 끝까지 웃기를 바라는 마음, 물심양면으로 힘들지 않기를 바라는 마음, 이 집에서 잘 살아가고 싶다는 마음, 새로 시작하는 나의 삶이 그저 안녕하기를 바라는 마음, 마음. 여러 마음이 자꾸만 포개졌다. 소망이자 기도였다. 이 집은 지어진 지 80여 년 만에 큰 변화를 겪을 것이다. 나도 그렇다. 집과 나는 같은 분기점에 서 있다.

깃발 또는 호루라기

마지막으로 달리기를 언제 했는지 기억나지 않는다. 그러나 출발선 앞에 서 있던 순간은 선명하다. 떨리기도 하고 넘어지지 말자고 두 손을 꼭 쥐기도 했다. 콩닥거리던 심장소리가 들리는 것 같다. 모든 궁리는 끝났다. 이제 달려야 할 타이밍. 깃발이 올라갔다. 호루라기가 울렸다. 철거를 시작했다.

오래된 것의 의미

철거는 비우는 작업이다. 버릴 것이 끝도 없이 나왔다. 폐기물을 실어나르는 트럭이 얼마나 많이 오갔는지 모른다. 집 앞으로는 차가 들어가지 않으니 사람의 손으로 옮겨야 했다. 비우는 것에도 기준이 있다. 무엇을 버리고 무엇을 남길 것인가.

나는 온통 새것으로만 만들어진 집을 원하지 않았다. 철거 전부터 줄곧 이 집의 수선을 둘러싼 관계자들 모두에게 가급적 이 집에 있던 것들을 다시 쓰고 싶다고 말해왔다. 이 집의 처음을 간직하고 있는 것들을 내가 살 집에 다시 들여놓음으로써 나만의 방식으로 이 집에 쌓여 있는 시간을 존중하고 싶었다. 나의 이런 희망사항은 받아들여졌다.

이 집에 있던 돌은 단 하나도 버리지 않는다는 현장의 지침은 엄격했다. 방바닥 아래 갇혀 있던 구들장도 예외일 리 없다. 쓸 수 있는 것과 없는 것이 냉정하게 가려진 기와도 남았다. 혜화동 인근 오래된 건물에는 유난히 붉은 벽돌이 많이 쓰였다. 이 집도 예외가 아니었다. 그 벽돌도 남았다. 기와는 다시 지붕 위에 자리를 잡을 것이다. 붉은 벽돌도 집 안 어딘가 쓰임새에 따라 제자리를 차지할 것이다. 구들장으로 불리던 돌들은 마당을 촘촘하게 채울 것이다.

기와도 벽돌도 마당의 돌도 모두 새것을 쓰는 것이 더 쉬울 수 있다. 그러나 온통 새것으로만 집을 짓는다면 굳이 이 오래되고 낡은 집을 애써 고치는 게 무슨 의미가 있을까. 이 집에 원래 있던 것, 이 자리에 80여 년 전부터 있던 것을 다시 써야만 오래된 집을 다시 고치는 의미가 있다. 적어도 내게는 그랬다.

골목길 한쪽에 이 집을 이루고 있던 기와와 벽돌, 구들장이 차곡차곡 쌓였다. 집이 다시 모양을 갖춰지면서 뒤집어쓴 먼지를 걷어내고 제자리를 다시 찾아갈 것이다.

경계 밖

파란색 천막은 경계다. 경계 안에서 작은 한옥에
쌓인 긴 세월이 해체, 조합, 재편성되고 있다. 집 한
채에도 역사는 흐른다.

경계 안

뼈대만 남기고 싹 바꾼다는 말은 이럴 때 쓴다. 많은 것이 사라졌다. 보이는 것은 기둥과 서까래, 들보 그리고 주춧돌. 보이지 않는다고 사라진 것은 아니다. 시간이 흐른 뒤 다시 드러날 것이다. 이 집의 역사는 다시 쌓일 것이다.

집의 실상

이 집의 뼈대는 매우 앙상하다. 기둥은 버티고 서
있었다는 게 믿기지 않을 만큼 썩었다. 저 상태로
집을 과연 지탱할 수나 있을까? 견고한 주춧돌을
보며 애써 불안한 마음을 달랬다. 이웃 분의 말씀
에 따르면 백 년 전 이곳은 앵두나무 천지였다. 현
장에서는 파낼수록 흙이 기름지고 윤기가 돈다고
했다. 이렇게 잡석도 없이 땅 밑이 깨끗한 집도 드
물다고들 했다. 땅의 기운이 좋으니 건강한 집터라
고 했다. 기름진 흙, 땅의 건강한 기운. 앙상한 뼈
대와 썩은 기둥으로 상심한 마음에 큰 위로가 되
었다.

안목은 안목,
현실은 현실

"이 집을 지은 분은 안목은 있으셨으나 가진 돈이 풍족하지 않았던 듯해요."

관계자 모두의 총평이다. 천장을 열어보니 지붕의 구조가 아름다웠다. 눈에 띄지 않는 곳까지 세심하게 손을 댄 흔적이 역력하다. 하지만 생김새에 비해 서까래는 한없이 가냘프고 듬성듬성했다. 가냘픈 몸으로 80여 년 동안 이 집 지붕을 이고 산 그 노고가 가상하지만 그대로 쓸 수는 없었다. 생김새는 보전하되 약한 서까래는 튼튼한 것으로 바꾸기로 했다. 뉘신지는 모르오나 이 집을 지은 그분의 안목 덕분에 아름다운 집을 갖게 되었다. 그러나 연약한 서까래를 보고 있자니 하루에도 열두 번 집을 잘못 산 게 아닐까 불안한 마음이 가시지 않았다.

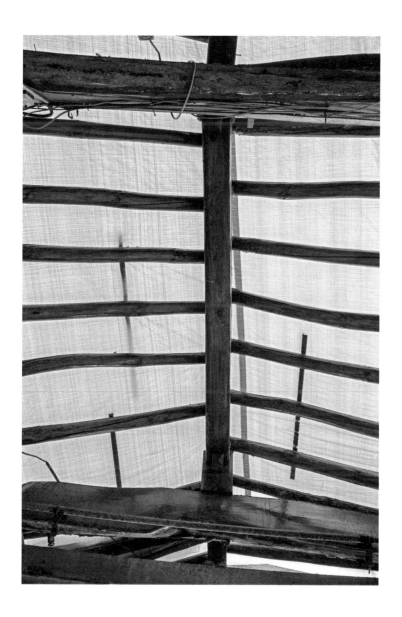

나는 이 집의 들보다

천장이 열리던 날 서까래와 함께 모습을 드러낸 들보는 듬직했다. 금이 가고 쪼개졌다 한들 누구도 이 들보의 역할을 의심하지 않았다. 빛이 제대로 통할 리 없는 천장 안에서 묵묵히 지붕을 지탱하며 버텨왔을 내 집의 들보가 나는 마음에 들었다. 꾸밈없이 견고하고 묵직한 생김새며 빛깔이 좋았다. 들보를 보자 비로소 만들어질 이 집의 실상이 구체적으로 머리에 그려졌다.

썩은 기둥과 가냘픈 서까래로 상심한 마음이 들보로 인해 평화를 얻었다. 실상이 드러날수록 이 집을 선택한 결정이 행여나 섣부른 것은 아니었을까 근심했다. 나의 선택을 응원할 무엇이 필요했다. 윤기 흐르는 땅과 안목 높은 지붕의 구조도 힘이 되었으나 들보로 인해 마음이 놓였다. 나는 앞으로 이 들보를 머리에 두고 살게 될 것이다. 그것으로 되었다.

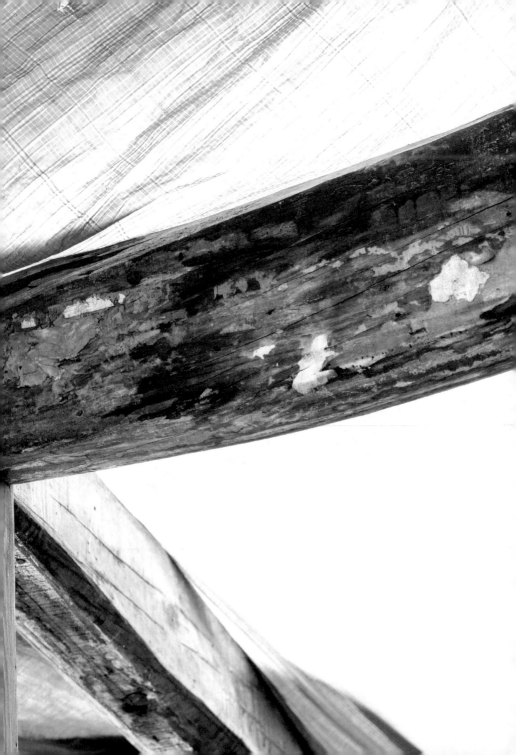

안식

시간이 흐를수록 그 가치가 올라가는 것이 있다. 한옥 수선 현장의 나무도 그렇다. 새로 컨 나무는 온도와 습도에 예민하게 반응하여 뒤틀리기 일쑤다. 오래된 나무 일수록 변형이 덜하다.

너무 약해서 지붕에서 내려온 서까래 역시 예외가 아니다. 수십 년 이 집의 지붕을 버텨오는 동안 잘 마른 이 나무들은 땅으로 내려와 잠시 안식을 취한 뒤 다른 집에서 다른 쓰임새로 요긴하게 사용될 것이다. 한옥 수선의 현장에서 그저 버려지는 것은 없다. 오래된 나무는 더더욱 그러하다.

건설

한옥 수선은 기둥의 자리도, 나무도 바꿀 수 없다. 밑동이 썩었다고 기둥을 뽑을 수 없다. 썩은 부분만 잘라내고 새 나무로 그 자리를 채운다. 다 썩은 밑동으로 지탱이나 할 수 있을까 불안했던 마음은 새 나무로 채운 기둥을 보고 난 뒤 진정이 되었다.

가냘픈 서까래를 대신할 튼실한 서까래가 당도했다. 어느 곳 어느 집에서 오랫동안 서까래로 몫을 다하다 땅에 내려온 나무다. 이 집과 비슷한 시기에 지어진 다른 집 서까래를 수소문해 구해왔다고 했다. 해체와 조합이 가능한 한옥의 나무들이 이렇게 돌고 돈다. 공장에서 찍어낸 자재가 아닌 이 집에서 저 집으로 돌고 도는 나무로 지어지는 건설의 현장이다. 한창 봄이 무르익어간다.

봄이 가기 전 출판사 등록을 하기로 했다. 바로 첫 책을 출간하기 위해 준비를 하고 있다. 출판사를 곧 시작할 예정이라는 이야기를 알리기 시작했다. 편집자로서 나를 아껴주던 분들께는 따로 메일을 드려 소식을 전했다. 집도 출판사도 갈 길이 멀다. 심호흡을 하는 날이 많아졌다.

직선의 미

기둥을 버텨주는 지지대의
각 잡힌 정렬.
곧은 직선의 미.

나무와 나무가 만나 기둥이 됩니다

기둥의 썩은 밑동은 다시 나무로 채운다. 나무와 나무는 나무로 잇는다. 나무를
통해 나무는 한 몸이 되고 하나의 기둥이 된다.

앞으로 100년

기둥의 썩은 밑동에 새 나무가 들어서 주춧돌 위에 단단하게 고정되었다. 이제 이 나무는 이 집의 기둥이 되었다. 80여 년 동안 이 집을 지탱해온 오래된 나무를 이고 서서 앞으로 100년 동안 이 집을 거뜬히 지탱해줄 것이다.

흙집

아파트에 사는 동안 건조함과 비염으로 고생을 많이 했다. 한옥에 살게 되면 나아
지지 않을까 기대하는 건 흙 때문이다. 땅 가까이에 사는 게 몸에 좋다고들 한다.
흙집에서 살면 더 좋을 거라고도 한다. 흙과 나무와 종이가 내 집을 건강하게 만
들어줄 것이다. 옆의 사진은 서촌에 있는 한옥 수선 현장을 찍은 것이다. 이 집은
살던 집에서 나와 한옥으로 이사하기 전까지 임시 거처로 머문 집이기도 하다. 한
옥이 흙으로 지은 집이라는 걸 잘 보여주고 있다.

집으로 가는 길

밤낮을 가리지 않고 번쩍거리는 서울 시내 번화가 한복판을 지나야 집으로 갈 수 있다. 그 길을 따라 횡단보도를 건너면 풍경은 순식간에 바뀐다. 전파상, 꽃집, 철물점, 떡집, 정육점, 과일가게, 세탁소가 줄지어 있다. 오래된 동네. 거기에서 한 번 더 골목을 꺾으면 조용한 주택가로 접어든다. 태어나 자란 고향 동네와 닮았다. 한 번 더 골목을 꺾으면 오래된 한옥과 빌라가 어깨를 나란히 하고 옹기종기 모여 있다. 붉은색 벽돌담을 따라 한 번 더 꺾으면 집 앞이다. 나는 집도 좋았지만 동네는 더 좋았다. 동네를 오가며 이 골목에 나는 조용히 스며드는 중이다.

집은 아래에서 위로 짓는다

집은 어느덧 뼈대가 보강되고, 제법 근육이 붙었다. 앙상한 서까래가 도열해 있던 것이 엊그제인데 어느덧 튼실한 서까래들이 그 자리에 대신 누웠고, 추위와 더위를 막아주는 기초 공사를 마무리했다. 햇살과 바람이 더 잘 오갈 수 있도록 세심하게 조율한 설계에 따라 처마는 보강되었다. 썩은 밑동을 대신한 새 나무들은 이미 옛 기둥과 한 몸이 되었다.

집이란 모름지기 기초가 튼튼해야 한다. 집의 기초는 곧 주춧돌과 기둥이다. 집을 지어보니 이제야 알겠다. 그림을 자주 그리지는 않지만 지금까지는 집을 그릴 때면 지붕부터 그렸다. 위에서 아래로. 이제는 다르다. 집은 그런 게 아니다. 아래에서 위로 짓는다. 혹시 집을 그릴 일이 있으면 기둥부터, 아니 주춧돌이 먼저 떠오를 것이다.

집도 삶도 전진 중

집의 형태가 드러나고 있다. 현장에 들르는 사람들에게 대문은, 대청은, 안방은, 화장실은 어디인지 하나하나 말로 설명하는 수고가 줄어들었다. 대문은 출입구 역할을 하기 시작했고, 대청은 누가 봐도 이미 대청의 모양새를 드러내고 있다. 방과 화장실, 부엌의 크기가 실제로 가늠이 되기 시작했다. 집 앞 골목에 쌓여 있던 기와는 지붕 위로 모두 올라갔다. 모자라는 것은 다른 집에 있던 기와로, 그래도 모자라는 것은 새 기와로 채웠다.

집 밖에서도 속도가 붙었다. 집이 지어지는 동안 출판사 등록을 마치고 첫 책을 세상에 내놓았다. 모두 다 신뢰와 선의로 이루어진 결과물이었다. 회사의 이름은 집 주소에서 따왔다. 출판사를 시작한 계기는 온전히 이 집에서 비롯되었다. 이 집과 이후의 삶이 분리될 수 없었다. 앞으로의 내 삶에 이 공간이 갖는 의미는 아무리 강조해도 지나치지 않았다. 그러니 어떤 것이든 집 주소에서 가져온 이름보다 더 잘 어울릴 수는 없었다. 집이 집이 되어가고 있는 것과 내 삶의 변화가 발을 맞춰 한발씩 앞으로 앞으로 전진하고 있었다. 온통 설레는 나날이었다. 때는 바야흐로 봄을 지나 여름을 향하고 있었다.

지붕의 속사정

이 집을 처음 만났을 때 내 맘을 끌었던 것이 지붕이다. 그때 내가 본 것은 물결처럼 고운 지붕의 선이었다. 나는 새로 고칠 나의 집 지붕도 그렇게 고운 선을 갖기를 원했다. 그러나 지붕은 아름답기만 해서는 안 될 말이다. 지붕은 눈에 보이는 기와의 고운 물결이 다가 아니다. 지붕이란 무엇인가. 모름지기 눈과 비를, 더위와 추위를 막는 것이 지붕의 일이다. 그러기 위해 거쳐야 할 과정은 간단치 않다. 예전에는 지푸라기와 흙이 하던 일이었다. 기술은 진보했다. 인간은 추위와 더위를 막기 위해 온갖 방법을 찾아내는 중이다. 완전한 해결책은 여전히 모색 중이다. 갈수록 날씨는 더 추워지고 더 더워진다. 인간과 자연이 누가 이기나 싸움이라도 하는 것 같다. 이 집의 지붕에도 지금까지 등장한 최선의 해결책이 총동원되고 있다. 한옥이 춥다는 말은 상식처럼 여겨진다. 아무리 기술을 총동원해도, 예전보다 나아졌다고는 해도 아파트만큼 따뜻할 수는 없을 거라고 거듭 강조한다. 벌써부터 혹한을 예고하는 올겨울이 두렵지 않다면 거짓말이다. 하지만 땡볕 아래 서 있는 나에게 추위는 아직 머나먼 일이다. 지붕의 속사정은 보이지 않고 내 집의 지붕 선이 그저 좋기만 했다. 여름의 초입부터 더위의 기세가 맹렬하다.

나무의 할 일

서로 다른 형태의 나무와 나무가 이어져
하나를 이루는 것. 각자의 힘을 주장하
지 않고 서로의 힘에 기대 버티고 지탱
하는 것. 그것이 지붕 끝 처마라 부르는
이 나무들의 할 일이다.

손맛

이 집을 처음 지은 목수 어르신은 아마도 이 세상에 안 계실 것이다. 고색이 창연한 나무는 그분의 솜씨다. 누가 봐도 새것인 나무는 이 집 수선을 맡은 목수의 솜씨다. 서로 얼굴도 본 적 없을 목수들의 손맛이 80여 년을 건너뛰어 집 한 채를 두고 한자리에 모였다.

출판사를 시작하고 두 번째 책이 나왔다. 첫 책은 출간 후 중쇄를 제작했다. 그동안 만든 책이 몇 권이나 될까. 세어본 적은 없지만 어림잡아 100권은 훌쩍 넘을 것이다. 그러나 기억들이 까마득하다. 나는 출판사 대표로 갓 걸음마를 떼기 시작했다. 모든 일이 처음이다. 손에 익었다고 생각했던 일들이 낯설기만 하다. 책을 통해 쌓은 귀한 관계들이 내 앞에 서서 따뜻한 손을 내밀어주고 있다. 그 덕분에 나를 둘러싼 낯선 일이 두렵지 않다. 목수들의 오래된 손맛으로 지어진 이 집에서 책을 만드는 내 손맛도 점점 더 무르익어 갈 것이다. 출판사를 꾸려나가는 일도 차츰 익숙해질 것이다.

사람이 짓는 집

나무로 만든 집 한옥은 사람이 짓는 집이다. 나무를 덧대는 것도, 썩은 기둥을 다듬는 것도 사람이 한다. 눈에 보이는 모든 것은 하나도 빠짐없이 사람이 손으로 다듬고 매만지고 내리고 올리고 만들어 완성한다. 끌질과 톱질, 대패질을 거치고 나면 나무는 기둥이 되고 서까래가 되고 들보가 된다. 매일매일 집은 달라지고 있다. 목공사가 끝나면 반환점을 돈다고들 말했다. 반환점이 머지 않았다. 때는 바야흐로 뜨거운 여름이 한창이다.

손때로 짓는 집

불에 탄 숭례문을 다시 고쳐 짓는 과정을 담은 책을 만든 적이 있다. 그 책을 통해 전통 건축물을 현대에 와서 어떻게 고치고 짓느냐를 두고 많은 사람이 갑론을박한 과정을 지켜보았다. 전통 건축을 지으면서 사람의 손맛을 기계의 일사불란함으로 대체하는 게 맞느냐, 효율성을 포기하고 옛날 방식을 고집하는 게 맞느냐 하는 의견이 팽팽하게 맞섰다.

집을 짓고 보니 그 책의 갑론을박을 이해할 수 있었다. 효율을 택하면 공사 기간도 짧아지고 비용도 줄어든다. 손맛을 택하면 무엇 하나 아름답지 않은 게 없다. 우리 집은 손때로 짓는 집이다. 반질반질 윤이 나는 연장들이 움직일 때마다 집은 더 집이 되었다. 하지만 보는 마음이 늘 편하지는 않았다. 이 작은 집은 골목 안쪽에 있어 큰 장비가 들어오지 못한다. 그래서 기계로 간단히 할 수 있는 일도 온통 손으로 해야 했다. 공사 기간이 하염없이 길어지고 있었다. 더운 여름, 일하는 분들의 고생이 얼마나 클까 생각했지만 쉬엄쉬엄 하시라는 이야기가 선뜻 나오지 않았다.

기와의 색

쓰던 기와를 다시 쓰겠다고 했을 때부터 주위에서 염려가 많았다. 기와를 올린 뒤에도 군데군데 이가 빠지고 얼룩덜룩해 보이는 지붕을 두고 타박을 듣곤 한다. 새로 단장한 지붕에 어울리는 새 기와를 썼어야 한다는 말도 여전하다.

어릴 적 할머니집에 놀러가곤 했다. 또래 사촌들과 개울에서 송사리며 다슬기를 잡고 노는 게 일이었다. 종일 그렇게 놀다가 문득 허리를 펴면 온 동네가 한눈에 들어왔다. 할머니네 동네는 기와집 천지였다. 오래된 집들의 기와색이 좋았다.

이 집을 처음 봤을 때 그 기와색이 떠올랐다. 오래된 기와의 색은 그때나 지금이나 보기에 좋았다. 그 색을 오래 두고 보고 싶었다. 기와가 다 올라가고 지붕이 얼추 마무리된 날. 새로 만든 처마의 도열이 보기에 좋았다. 오래된 기와색이 좋았다. 새 기와 백 개와도 바꾸지 않겠다. 속으로 중얼거렸다.

한옥에 산다는 건 지붕의 선 위로 펼쳐진 하늘을 내
집 마당에 두고 산다는 것과 같은 말이다. 지붕을 경
계로 더 넓은 하늘을 떠올리며 산다는 말이기도 하다.
하늘을 보는 맛이 한옥에 사는 맛이다.

잊고 있던 그 시절

겨울의 끝과 봄의 초입이 만날 무렵 시작한 공사는 한여름 땡볕에도 끝날 줄 모른다. 집 앞 골목길에도 시간이 흐른다. 이웃집 대문 어귀에 앙상한 장미나무는 무성한 잎을 틔우더니 어느새 붉은 꽃이 한창이다. 이 골목에 사는 아이들은 학교에서 돌아오면 가방을 던져두고 나와 해가 기울 때까지 공을 찬다. 엄마들이 그만하라고 이름을 부를 때면 집으로 돌아간다. 어릴 때 나도 틈만 나면 골목에서 놀았다. 이 골목에 서 있으면 잊고 있던 그 시절과 다시 만나게 된다.

선들의 집합

오래된 집을 새로 고치기 위해 집주인인 나는 수십 개의 선으로 내가 원하는 공간을 설명했다. 이 집의 설계를 맡은 건축가는 헤아릴 수 없는 선을 그려 도면을 완성했다. 공사를 시작한 뒤 이 집의 목수는 건축가보다 더 많은 선을 그려야 했다. 건축가가 문 하나의 선을 그려놓으면 그 선을 따라 수십, 수백 번의 대패질이 뒤따른다. 종이 위의 선만큼 눈에 보이는 선들이 그렇게 만들어진다. 사람의 손으로 그려놓은 선에 따라 사람의 손으로 수십 수백 개의 선이 만들어진다. 이 선 위로 40년 넘게 창호만 만들어온 손을 거쳐 130여 개의 문들이 들어선다. 사람이, 햇빛이, 바람이 드나드는 문들이 들어선다. 이 집은 수많은 선의 집합체일지도 모른다.

방방 크기의 이면

2017년 8월부터 2018년 3월 초까지, 그러니까 이 집을 산 뒤부터 철거를 시작할 때까지 이 집 대문은 줄곧 닫혀 있었다. 약 7개월여 동안 줄곧 그림을 그렸다. 이 집을 어떻게 고칠 것인가에 관해서였다. 공간을 어떻게 만드느냐는 결국 어떻게 살고 싶은가에 좌우된다. 이 집은 살림집이면서 출판사가 될 것이었다. 아이는 없는, 집에서 보내는 시간이 많은, 집에서 주로 책을 보고 음악을 듣고 차를 마시는 쉰 살전후의 부부가 살 공간이다. 20여 년 넘게 회사 다니며 책을 만들던 편집자가 갓독립해 혼자 일하는, 직원이 없는, 인문과 예술과 에세이 분야의 책을 만드는, 편집자이면서 영업자이면서 총무일도 봐야 하는, 저자도 만나고, 원고도 읽고, 가끔 독자들도 초대할 공간.

집은 작으나 집에서 할 일은 많았다. 이 집의 쓸모도 고민했지만 이 집만의 아름다움도 중요했다. 담백하고 소박하게 꾸미되 전형적이고 습관적인 공간의 구성을 경계했다. 이를 위해 건축가는 무수히 많은 선을 그려야 했다.

집은 방 세 개, 대청, 부엌, 화장실 그리고 마당이 전부다. 이 집에서 가장 큰 방은 출판사 사무실로 쓸 작업실이다. 벽마다 책으로 가득할 것 같지만 그렇게 만들지 않기로 했다. 사방이 창, 창, 창이다. 다락을 두어 부족한 수납 공간을 확보했다. 쓸 데없는 것을 두고 살지 않겠다는 다짐이 필요했다. 창 아래를 책장으로 빼곡하게 두르고, 널찍한 책상을 두기로 했다. 그러나 원래 작은 집에 운동장만 한 방이 만들어질 수 없다. 막상 들어선 작업실의 크기는 예상보다 좁았고 책상의 크기도 함께 쪼그라들었다.

이 집의 안방은 둘이 누우면 딱 맞는 크기다. 예전에는 안방에서 밥도 먹고 잠도 자고 식구들이 모이기도 했다. 그래서 방이 커야 했고, 햇빛도 잘 들어야 했다. 아파트의 안방은 옷장과 침대, 화장대를 두어야 하니 일정한 크기가 확보되어야 한다. 이 집의 안방은 그럴 필요가 없다. 일체의 군더더기 없이 잠만 자는 방이면 충분했다. 대신 눈을 뜨면 서까래의 물결이 펼쳐지고, 손을 뻗어 마당 쪽으로 창을 열면 지붕의 선과 하늘이 방 안으로 들어올 것이다.

마당을 지나야 건너갈 수 있는 별채의 방은 매우 작고 좁고 길고 불편하다. 온전히 한 사람만을 위한 공간이다. 이곳의 주인은 방 안에서 책을 읽고 음악을 듣고 마당을 바라보기만 할 것이다. 밥을 먹을 수도, 누울 수도 없으며 화장실도 없다. 살아가는 데 필요한 일체의 행위를 고려하지 않고 좋아하는 것을 누리는 데 최적화시켜놓은 해방의 공간.

이 집에서 가장 넓은 곳은 대청이다. 워낙 작은 집이라 방도, 부엌도, 화장실도 다 작다. 한 군데만은 좁지 않게 살고 싶었다. 가급적 대청에는 아무것도 두지 않겠다 생각했다. 다른 공간에 비해 광활하게까지 느껴졌다. 마당 역시 최대한 비웠다. 널찍한 대청에서 널찍한 마당을 보고 있으면 세상 부러울 게 없을 것 같았다. 그러나 역시 원래 작은 집에 널찍함이란 그저 희망사항일 뿐이었다.

부엌은 줄일 수 있는 만큼 줄였다. 요리를 즐겨 하지 않으니 클 필요가 없었다. 최소한의 기능만을 장착한 가전제품만 들이기로 하고, 그 크기를 정확하게 계산했다. 꼭 필요한 것 외에는 두고 살지 않는다는 다짐을 거듭했다. 자주 쓰지는 않으나 없으면 곤란한 각종 물건은 다락 위에 두기로 했다. 다락에 가득 차서 흘러넘치는 일이 없도록 살림을 줄이고 줄일 것을 또다시 다짐. 역시 사방에 창을 내 좁은 느낌은 덜었다.

수납 공간은 상부장과 하부장이 다였다. 상부장은 디자인에 신경 쓰기로 하면서 수납할 수 있는 공간이 그나마도 적었고, 하부장은 꽤 크게 나왔으나 아무래도 한계가 있었다. 공간이 좁으면 답은 하나였다. 가진 짐을 줄이는 것. 혼자 살던 때로부터 20여 년을 끌고 다닌 부엌 살림을 대대적으로 정리할 때가 되었다. 버리겠다고 마음을 먹으니 못 버릴 것은 별로 없었다. 두 사람이 쓸 식기를 제외한 나머지는 거의 재활용 분리수거하는 날 내놨다. 부엌 살림을 버리고 나니 옷도 정리를 하게 되었고, 신발이며 가방이며 집 안의 모든 것이 다 정리 대상이었다. 초등학교 때부터 써온 일기장도, 회사 다니며 썼던 일정표며 회의 노트, 각종 자료들도 남김없이 버렸다. 매일매일 뭔가를 버리는 날들의 연속이었다.

집을 지어보니 알겠다. 화장실이야말로 건축가와 건축주의 미감과 센스의 결정판이라는 것을. 집이 작으니 화장실은 더 좁았다. 여기에 있어야 할 것은 다 있어야하니 문제를 풀기가 쉽지 않았다. 나는 욕조를 포기하고 싶지 않았고, 이왕이면 건식으로 쓰고 싶었으며, 꼭 필요한 것 외에 당연히 있어야 한다고 여겨지는 것들을 두고 싶지 않았다. 설계도에서 벽면의 수납장이 사라졌고, 기본 수전 세트는 제외되었다. 욕조는 보통의 집보다 낮게 들였고, 세면대 아래 넣은 수납장의 문은 나무

무늬 필름이 아닌 진짜 나무를 쓰기로 했다. 거울도 조명 기구도 휴지걸이와 수건 걸이도 심사숙고를 거쳤다. 건축가도 시공자도 관리의 어려움과 불편함을 수없이 강조했으나 내 귀에는 들어오지 않았다.

건축가는 벽으로 사방을 꼭꼭 채우기보다 창을 열어 바람이 이쪽에서 저쪽으로 흐르고, 햇빛이 마음껏 드나들게 했다. 작업실에도 안방에도 별채에도 대청에도 부엌에도 벽보다 창이 많다. 작업하는 분들마다 이렇게 창이 많은 집은 처음이라고 입을 모았다.

공간의 쓸모를 정하면서 크기는 여러모로 아쉬웠다. 하지만 사람이 사는 데 필요한 공간의 크기는 무엇을 기준으로 삼아 정해야 할까. 오래전 도산서당에 관한 책을 한 권 만들었다. 경기대학교 건축학과 명예교수이자 평생 우리나라 전통 건축을 공부해오신 김동욱 선생님의 『도산서당, 선비들의 이상향을 짓다』라는 책이다. 퇴계 이황 선생은 평생 맘에 드는 집 한 채를 갖기 위해 노력을 하셨는데, 그분이 노년에 접어들어 터를 장만하고, 몇 년 동안 준비 과정을 거쳐 마련한 집이 도산서당이다. 방 한 칸, 마루, 부엌으로 이루어진 아주 작은 집. 평생 마음에 드는 집 한 채를 갖기 위해 선생이 쏟은 정성도 남달랐지만, 그 집이 완성된 뒤 퇴계가 그 집에서 살았던 일상의 의미는 더 각별했다. 한양 생활을 정리하고 도산서당으로 거처를 정한 뒤에는 평생 좋아하는 책 속에 파묻혀 살았다. 제자를 만나 이야기를 나누고 봄비가 내리면 고요히 시를 지었다. 매화나무를 아끼고, 울타리를 가꾸고, 연못을 꾸미기도 했다. 퇴계 선생은 어쩌면 자신의 인생에서 가장 빛나던 순간을 그곳에서 보냈을지도 모른다.

한 사람이 자신이 마련한 거처에서 온전히 자기 자신에게 집중하며, 좋아하는 것으로 일상을 채우는 그 모습이 아름답게 보였다. 가능하다면 나도 그렇게 살고 싶었다. 김동욱 선생님은 이 책의 서문에서 "집을 장만하는 것이 중요한 게 아니라 그 집에서 무엇을 할 것이며 어떤 삶을 보낼 것인지가 중요하다"는 것을 "도산서당을 통해 깨달았다"고 하셨다. 이 책을 만들며 나도 언젠가 집을 짓는다면 어떤 허위와 허영도 담지 않겠다고 다짐했다. 크고 화려한 집을 짓기보다, 다른 사람의 눈에 어떻게 보일까를 염두에 두기보다 온전히 나의 쓸모에 맞는 집을 짓는 데 집중하자고 마음을 먹었다. 이 집을 짓는 동안 줄곧 도산서당과 김동욱 선생님의 문장과 나의 다짐을 떠올렸다. 어떻게 짓느냐보다 어떻게 살아갈 것인가로 생각의 방향을 정하고 나니 공간의 쓰임새를 정하고 그에 맞춰 공간을 만드는 일이 훨씬 수월해졌다. 이미 크기가 정해져 있는 집을 두고 아쉬워할 까닭이 별로 없었다.

이렇게 방방마다의 모양새와 쓸모의 계획은 말로 시작해서 도면으로 정리된다. 최종안이 나올 때까지 무수히 많은 말이 장강처럼 흘러야 했다. 수많은 숫자들이 도면 아래 깔려 있는 것은 물론이고, 선 하나 그을 때마다 끙끙대며 토론과 토론과 격론을 거듭했다. 한국과 일본의 건축 특징, 보기에 예쁜 것과 살기에 편한 구조의 차이, 그림으로는 가능해 보이지만 구현으로는 불가능한 것들의 문제점, 정해진 예산 범위 내에서의 허용 여부 등이 쟁점으로 떠오르고 가라앉기를 반복했다.
집 한 채를 짓는 게 아니라 우주를 창조하는 것 같았다. 너무 거창하고 비약이 심한 듯하지만 실상 틀린 말도 아니다. 나는 내가 지은 집에서 책을 만들고 내가 만든 책을 매개로 사람들과 이야기를 나누고 그 이야기가 또다른 책의 탄생에 씨앗

이 되는 풍경을 내내 그리고 있었다. 그것이야말로 이 집에서 누리고 싶은 일상이었으며 만들고 싶은 세상이었다. 그러니 이 집을 짓는 것은 나의 우주를 창조하는 것과 동일한 의미였다. 이런 나의 속사정을 태곳적 선현들은 아셨나보다. 우주宇宙의 한자가 집 우宇, 집 주宙인 걸 보면 말이다. 날이 갈수록 집과 삶이 하나가 되어가는 기분이 들었다.

하루에 할 수 있는 만큼만 일하기

서울 한복판에 집을 짓는 동안 나는 신도시 아파트에 살았다. 약 86제곱미터 남짓의 땅에 그보다 작은 집 한 채를 짓고 있는 동안 살고 있던 아파트 인근에는 수십 층짜리 미니 신도시가 지어지고 있었다. 미니 신도시의 건설 현장은 아침이 다르고 저녁이 달랐다. 틈날 때마다 들여다보는 현장의 작업 속도는 예정된 완공일이 머지 않았는데 더디기만 했다. 마음은 더 급해졌다.

대문을 중심으로 양 옆은 화방벽火防壁이다. 와편과 붉은 벽돌과 사괴석을 쓰기로 했는데 그 비율을 두고 몇 날 며칠을 고심했다. 아무래도 직접 보는 게 나을 것 같았다. 너무 일찍 오지 말라고 했던 말을 건성으로 듣고 이른 아침부터 현장을 찾았다. 왜 일찍 오지 말라고 했는지 알 것 같았다. 화방벽은 공장에서 규격대로 돌을 잘라와 벽에 붙이는 게 아니었다. 커다란 돌을 현장에서 다듬고 줄을 맞춰 하나씩 붙인다. 머리 희끗하신 석공의 작업 속도는 매우 더뎠다. 이대로라면 완성의 날은 언제일까. 때로는 하루에 한 줄, 어떤 날은 두세 줄. 연세 높으신 석공은 다른 사람들과 말도 섞지 않고 홀로 벽 앞에서 돌을 다듬고 줄을 세우고 질서를 부여한다.

석공 어르신만 그런 건 아니다. 기둥을 세울 때도 그랬다. 기와를 올릴 때도 다르지 않았다. 한옥의 모든 공정은 그렇게 더디게 흘러간다. 쉬운 일이 하나도 없다.

골목 밖으로만 나가도 속도와 효용이 최선의 가치로 여겨지는 세상이다. 이 골목 안은 다른 가치가 우선이다. 제대로, 보기 좋게, 그리고 하루에 할 수 있는 만큼만 일할 것. 20여 년 책을 만들어왔다고 마음속으로 '잘난척'한 적이 없지 않다. 한옥 현장 어른들은 대부분 40년 이상 경력자들이다. 이 분들에게 20년 경력이란 "연장도 제대로 들 줄 모르는" 애송이다. 이 분들은 날이 밝으면 일을 시작하고, 오후 네다섯 시면 일을 마친다. 30분만 더 하면 끝날 것 같지만 무리하지 않고 미련 없이 내일로 넘기고 손을 씻는다. 일당 때문이라는 비아냥도 있지만 하루만 일하고 말 것이 아니니 그것이 온당하다. 이 분들을 보면서 나도 그래야겠다고 생각했다. 그동안 마치 내일이 없는 것처럼 살았다. 세월에 따라 일하는 속도가 달라져야 한다. 석공 어른은 예전에는 돌 하나를 다듬기 위해 정을 열 번 때려야 했다면 이제 한 번이면 된다고 하신다. 숙련은 시간을 단축시키되 세월은 체력을 약화시킨다. 숙련된 솜씨만큼 약해진 체력을 잘 다스려 일할 줄 알아야 한다. 그래야만 하고 싶은 일을 오래, 해야 할 일을 제대로 하고 살 수 있다.

이것은 직선인가 직선이 아닌가

이 집은 보이는 곳마다 나무들이 종과 횡으로 각을 잡고 있다. 한옥에서 나무는 집을 지탱하는 일만 하지 않는다. 향과 촉감으로 집을 채우고 무엇보다 보는 사람의 눈을 채운다. 집 한 채를 짓는 일은 결국 수많은 선택의 결과다. 천장도 예외일 리 없다. 방마다 지붕의 서까래를 노출할 것인가 가릴 것인가, 서까래 사이를 나무로 막을 것인가 흙으로 채울 것인가, 나무에 칠을 할 것인가 말 것인가, 칠한다면 색의 농도는 어떻게 할 것인가를 두고 치열한 토론이 펼쳐졌다. 나는 온 집 안의 서까래를 드러내길 원했다. 습도에 취약한 나무의 습성, 난방에 불리한 천장 높이 등을 이유로 반대가 많았다. 화장실만큼은 막아야 한다는 의견에도 고개를 가로저었다. 한옥이 나무로 지은 집이라면 나는 이 집에서 그 쓰임을 할 수 있는 만큼 드러내고 싶었다. 각 잡고 누운 나무들의 아름다움을 어디에서도 포기하고 싶지 않았다. 더구나 이 집의 '처음'은 비록 가냘픈 나무일지언정 보이지 않는 곳까지 세심하게 신경을 썼다지 않은가. 그 '처음'을 아쉬움없이 드러내고 싶었다.

현장에 갈 때마다 고개를 뒤로 한없이 꺾어 천장을 본다. 이 천장을 이고 사는 이 집에서 이 천장만큼 아름답게 살면 좋겠다.

나의 집이 되어가는 중입니다

공사는 어느덧 막바지에 이르렀다. 절기로는 여름이 지났는데 더위는 꺾일 줄 모른
다. 마무리에 다다를수록 벽은 벽다워지고 방은 방다워졌다. 모름지기 세상 모든
것의 완성도는 디테일이 좌우한다. 작을수록 디테일은 더 중요하다. 춥거나 더워서
는 안 된다. 게다가 아름다워야 한다. 두 마리 토끼를 잡기 위해 수십 년 나무만 만
진, 돌만 만진, 기와만 만진 노동자들의 손때가 이곳에 고스란히 묻었다. 손때 묻은
새집이 만들어지고 있었다.

80여 년의 세월이 고스란히 얹혀 있던 예전의 모습도, 주춧돌 위에 곧 쓰러질 것 같
은 허약한 기둥들이 도열해 있던 날도, 방바닥과 벽체의 속살이 고스란히 드러나
있던 날도 어느덧 옛일이 되었다. 도면 위에 선으로 그려져 있던 모든 계획이 매우
구체적인 실상으로 고스란히 모습을 드러냈다. 동시에 공사 일정은 예상보다 한참
이나 지체되었다.

집주인은 공간을 두고 매우 막연한 꿈을 꾼다. 건축가는 그 꿈을 도면의 언어로 그
려낸다. 시공사는 현장 작업자들에게 전달한다. 결국 건축주의 꿈을 실제로 구현
하는 것은 현장 작업자들이다. 집주인은 말로, 건축가는 그림으로 집을 짓지만 현

장에서는 손과 발, 어깨와 허리로 집을 짓는다. 그 간극은 생각보다 매우 컸다. 현장에서는 누구나 최선을 다했고 더할 수 없이 성실했다. 그분들의 수고와 정성으로 집은 점점 집다워졌다. 그럼에도 불구하고 아쉬움은 갈수록 커졌다. 만족할 때까지 수정을 요구할 수 없다는 점이 더 만족스럽지 않았다. 이의를 제기할 수 없는 상황이 반복되었다. 들르지 못한 사이에 이미 하나의 작업이 종료되고, 그 다음 공정을 이미 시작하곤 했다. 나는 1센티미터의 차이에도 예민해졌으나 그런 건 작업자들에게 별로 중요하지 않았다. 이미 작업자들은 다른 현장으로 떠난 뒤였고, 그들을 다시 불러 일을 하게 하려면 얼마나 더 기다려야 할지 모른다고들 했다. '겨우 그런 일'로 사람을 다시 부를 수는 없다는 게 뉘앙스에 실려 있음을 나는 모르지 않았지만 이미 늦어진 일정을 더 늦춰가면서까지 무작정 요구하고만 있을 수는 없었다. 이 집을 짓기 시작할 때 아닌 것은 아니라고 말하겠다고 다짐했지만 현장은 그런 게 아니었다.

집이 집다워지는 것과 발맞춰 나는 속이 상했고, 마음을 끓여야 했다. 직접 집을 짓는 것은 이미 완성되어 있는 집을 값을 치르고 사는 것과는 매우 다른 일이었다.

한 채의 집은 말하자면 통장의 돈과 샤방샤방한 꿈의 나열로만 지어지는 게 아니었다. 집 한 채를 짓는 동안 기쁨과 슬픔, 좌절과 즐거움이 동시다발적으로 교차되었다. 그런데 참 이상한 일이었다. 2017년 여름에 이 집을 처음 본 뒤로 이 집은 줄곧 내집이었다. 이 집을 어떻게 고쳐 지을까를 관계자들과 줄곧 의논을 해왔으며 현장에 수시로 들러 공정을 지켜봤다. 다들 집 한 채를 지으면 10년은 늙는다는데 현장은 문제없이 착착 진행이 되고 있었다. 제때제때 보내야 하는 공사비로 인한 마음고생은 빈약한 통장 때문이었지 현장의 문제는 아니었다. 말하자면 나는 집을 짓는 내내 곁에서, 현장 밖에서 지켜만 보는 입장이었다. 그런데 마무리가 임박해서 구체적인 실상이 눈에 드러나기 시작하면서 나는 이제야 현장 안으로 들어선 느낌이었다.

집을 짓는다는 것은 꿈을 줄이고 마음을 내려놓는 것과도 같았다. 처음 시작할 때 내가 상상한 집 짓기는 어여쁜 동화 같았다. 하지만 집을 짓는다는 건 도화지에 그림 같은 집을 짓는 게 아니었다. 한여름 땡볕을 몸으로 받으며 일하는 노동자들에게 집을 짓는다는 것은 삶을 영위하는 수단이면서 평생 손에 익은 솜씨를 부리는 것이기도 했다. 그들의 투박한 손길에 실린 그 자부심을, 이것으로 되었다는 그들의 판단을 나는 존중해야 마땅했다. 허공에 떠 있을 때 아름답게 보인 꿈은 꿈일 뿐이었다. 마음을 내려놓는 것은 쉽지 않았다. 자부심이라면 나도 어디에서도 지지 않으니 더 그랬다. 그렇지만 집 한 채를 지으면서 나는 이전에 해보지 못한 마음 내려놓기를 아주 '세게' 경험하고 있었다. 그러면서 이 집의 기와마다 기둥마다 공간마다 일하는 분들의 수고만큼이나 나의 기쁨과 좌절, 아쉬움과 후회가 진하게 배어들고 있었다. 스위치의 줄 간격에도 정화조 뚜껑의 위치에도 대문 앞으로 비쭉 나온 연통에도 나의 마음이 구체적으로 더해지고 있었다. 마음에 든다, 아니다 같은 모호한 평이 아니라 여기에는 이런 흡족함이, 저기에는 저런 아쉬움이 볼 때마다 떠올랐다.

사람 사이의 관계도 희로애락과 간난신고를 겪어야만 견고해진다. 언제나 좋은 얼굴, 좋은 마음으로만 지낼 수는 없다. 역설적으로 그렇게만 지내면 관계의 강도는 매우 허약해진다. 말하자면 나는 이 집과 희로애락, 간난신고의 과정을 겪어나가는 셈이었다. 일하는 분들의 노고와 입장을 머리만이 아니라 눈으로 가슴으로 조금씩 헤아려보기 시작했고, 반듯하게 맞춰야만 한다고 고집했던 와편의 어긋난 줄이 막상 집 전체를 놓고 볼 때 그렇게 보기 싫지만은 않다고 받아들이기 시작했다. 감정을 다스리기 위해 수없는 심호흡을 거듭하며 나는 점점 포기와 타협이 승부의 세계에서 패배와 같은 건 아니라는 사실을 깨달았다. 이건 단지 집을 짓는 일에서만 그런 게 아니다. 책을 만드는 일이 손에 익숙해지고부터 작업의 방식에 대한 나의 고집은 꺾일 줄을 몰랐다. 나에게 익숙한 대로 해야만 효율적이라고 여겼다. 내가 정한 일정은 무슨 일이 있어도 지켜야 했다. 처음 같이 일을 하는 동료들이 나와 다른 방식을 고집하면 그들의 말을 듣고 합의점을 찾으려고 노력했다. 나는 유연한 사람이 되고 싶었기 때문에. 하지만 기분은 상할 대로 상해 있었다. 그러면서도 이런 일로 기분이 상했다는 사실은 또 인정하고 싶지 않아 공연히 그들의 태도를 마음속으로 문제 삼곤 했다. 내가 기분이 나쁜 건 다른 의견을 제기해서가 아니고 상대의 말하는 태도가 잘못 되었기 때문이라고, 기분이 나쁜 게 당연하다고 합리화하곤 했다. 일만 그랬던 것도 아니다. 대체로 나의 생각과 다른 의견을 누군가 피력할 때면 나는 지적을 당하는 것 같기도 했고, 그걸 받아들이는 것은 곧 그들에게 지는 것처럼 여겨졌다. 나는 매순간 나 혼자 승부의 세계에서 살았던 셈이다. 같은 상황에서 남편은 나와는 달랐다. 나는 사사건건 트집을 잡는 쪽에 가깝고, 그는 '그런 건 이 분들이 더 잘 알아서 할 것'이라고 했다. 매일매일 비슷한 상황이 반복되다보니 나는 나를 돌아보지 않을 수가 없었다. 그러다 어느 날, 불현듯 깨달았다. 나만큼 현장의 작업자들도 집을 잘 짓기를 원한다. 함께 책을 만들던 동료들도 나만큼, 어쩌면 나보다 더 책을 잘 만들기를 원했을 것이다. 나는 늘 내가 가장 간절했다. 그래서 나 아닌 이들은 모두 조금이라도 쉬운 길을 찾는다고 생각했고, 그러니 그들이 내놓은 이견을 바라보는 내 눈에는 편견이 깔려 있었다. 일에 대한 자부심이 나만 못하다고 여겼던 지난날의 모든 오만이 부끄러웠다.

그러는 동안 머리로만 꿈꾸던 집은 이제 현실의 바닥에 견고하게 자리를 잡아나가고 있었다. 점점 꿈속에서 꿈 밖으로 나와 눈앞의 현실로 다가오고 있었다. 그렇게 이 작은 한옥은 점점 나의 집이 되어가고 있는 중이었다. 그리고 이사가 코앞으로 다가왔다.

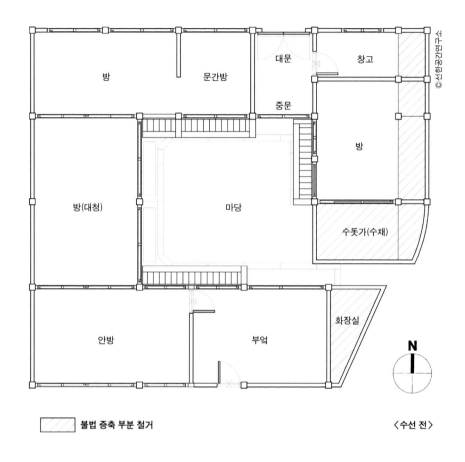

방

문간방

대문

창고

중문

방

방(대청)

마당

수돗가(수채)

안방

부엌

화장실

N

불법 증축 부분 철거

〈수선 전〉

©신한공간연구소

1936년 처음의 이 집에서 2018년 이 집은 어떻게 달라졌을까. 안방은
부엌이, 부엌은 작업실이, 문간방은 안방이 되었다. 애초에 대청이었
으나 사는 사람의 필요에 의해 방이 되었던 곳은 다시 대청이 되었다.

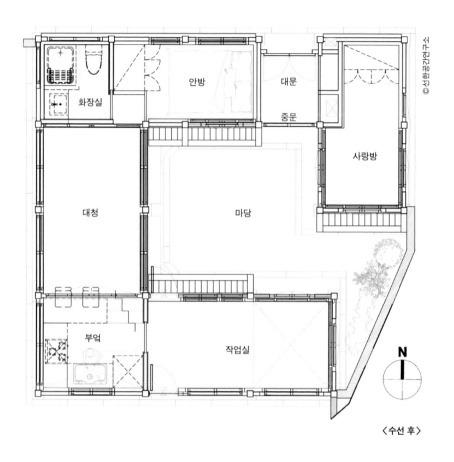

안방

대문

화장실

중문

사랑방

대청

마당

부엌

작업실

N

〈수선 후〉

불법으로 증축되어 화장실과 수돗가로 쓰인 공간은 다시 마당이 되었고, 사라진 화장실은 집 안으로 들어왔다. 기본은 그대로 두되, 살 사람의 쓸모에 따라 이루어진 공간의 변형.

천막이 걷히다

현장을 가리던 파란색 천막이 걷혔다. 이제 집은 어엿한 외양을 드러냈다. 천막이 걷히자, 이사할 날이 다가오는 것 같아 반가웠다.

이 집으로 인해 이웃에 끼치는 민폐가 줄어드는 것은 더 반가웠다. 이웃들을 괴롭히던 소음과 먼지도 이제 고비를 넘겼다. 봄부터 여름을 지나 이제 가을. 그동안 현장을 오갈 때마다 골목길 초입에서부터 내 눈은 바닥만 바라보고, 고개는 저절로 숙여졌다. 내 집을 짓고 있는 현장이지만 엄청난 소음에 늘 머리가 아프고, 먼지가 날릴 때마다 저절로 얼굴이 찌푸려졌다. 이런 공사장을 바로 옆에 두고 한여름을 보냈을 이웃 분들의 고충을 떠올릴 때마다 '진심으로 드릴 말씀이 없는' 심정이었다. 이제 이웃 분들의 고생도 끝이 보이는 것 같아 마음의 짐이 조금 가벼워지는 것도 같았다.

이 집을 허물기 전 빈 마당에 홀로 서서 했던 다짐을 기억한다. 이 집에 흐르는 시간을 존중하겠다. 그것은 이 집의 기본적인 형태를 존중하고, 있던 기둥과 주춧돌을 다시 쓰는 것에 국한한 다짐이 아니었다. 쓸 수 있다면 무엇이든 해체 후에 다시 다른 형태로라도 이 집의 어딘가에서 그 쓰임을 계속 존중해주고 싶었다. 나는 다시 말하지만 내가 살아갈 이 곳이 어디에서나 돈만 있으면 지을 수 있는 그런 집이 아니기를 바랐다. 어디에서도 만날 수 없는 이 집만의 무엇을 갖고 싶었다. 이곳에 쌓인 시간만이 이 집만의 무엇을 내게 줄 수 있었다. 나는 그것을 남겨두고 싶었다. 그것이 내가 애써 이 집의 '처음'을 존중하려는 이유였다. 이것은 이 집을 둘러싼 모든 이들에게 공유되었다. 모두 다 동의했다.

이 집의 '처음'부터 함께 했던 기둥과 주춧돌과 들보는 여전히 그 자리에서 새로 고친 집을 지탱하고 있다. 지붕 위의 기와는 다시 지붕 위에 올라가 누웠고, 붉은 벽돌들도 보이는 곳과 보이지 않는 곳 구석구석에 새로 자리를 잡았다.

존중은 자재에만 해당하지 않는다. 원래 부엌의 자리는 더이상 부엌이 아니지만 부엌과 안방 사이에 존재하던, 이 집이 품은 단차의 기억은 대청에서 부엌으로 이어지는 곳에서 계승되었다. 단차의 계승은 다락을 전제로 이루어진다. 공사의 효율을 생각하면 단차와 다락은 제외해야 한다. 시간이 갈수록 연약해질 무릎 관절의 사정을 생각한다면 더더욱 그렇다. 효율과 편리를 생각하면 한옥은 좋은 선택일까? 아닐 것이다. 그럼에도 나는 한옥을 택했다.

오래된 유리는 아직이었다. 이 집에 처음 왔을 때 내 눈을 끌었던 유리창문들. 요즘은 나오지 않는다는 이 유리를, 너무 얇아 조심스럽다는 이 유리를, 작업자 모두 난색을 표하는 이 유리를 어떻게 해서라도 꼭 다시 쓰고 싶었다. 이 집의 건축가는 단정한 배치의 유리창호를 나만큼이나 아꼈다. 그는 도면을 그리면서 마당에 들어섰을 때 가장 먼저 보이는 곳, 그 유리창호가 원래 있던 그 자리에 다시 유리창호를 배치했다. 여기에 옛 유리를 쓰는 건 매우 지당한 일이었다. 창호에 유리가 들어가는 건 맨 마지막의 일이다. 철거할 때 가장 먼저 떼낸 유리창문들은 긴긴 공사 기간 내내 여기저기 옮겨다녀야 했다. '깨지면 큰일난다'는 주의사항이 공정별 작업자마다 전달되었다. 좁은 현장에서 유리창문의 존재는 꽤 신경이 쓰이는 일이라는 걸 나는 뒤늦게야 알았다. 남기고 싶었던 유리는 크게 두 종류였다. 하나는 온전히 남았지만 또다른 하나는 전달이 잘못되어 철거 때 이미 사라지고 없다. 뒤늦게 알았지만 이미 할 수 없는 일이 되어버렸다. 잃어버린 것을 아쉬워하기보다 남아 있는 것을 더 소중하게 대하기로 했다. 그렇게 해서 이 유리창은 더욱 더 각별한 관리를 받았다. 그렇게 모두의 관심을 받아온 이 유리창이 제자리를 찾을 날이 머지않았다.

남은 건 이제 구들장이다. 마당의 마감을 두고 갑론을박이 많았다. 마사토로 덮을 것인가, 돌을 깔 것인가. 각각의 장단점이 총망라되었다. 마사토로 덮으면 비가 오나 눈이 오나 관리가 쉽다고 했다. 물도 잘 빠지고 마당에 지저분한 것이 떨어져도 복구도 간단하다고 했다. 돌을 깔면 바닥이 고르지 않아 오갈 때 불편하다고 했다. 넘어지면 다칠 거라고도 했다. 아무것도 들리지 않았다. 나는 이 구들장을 어떻게든 집 안으로 다시 들여놓고 싶었고, 다른 선택이 있을 수 없었다. 조만간 집 마당은 이 집의 '처음'부터 얼마전까지 방바닥을 데우던 구들장으로 채워질 것이다.

이로써 나는 철거 전 이 집에서 했던 다짐을 거의 지켰다. 지킨 것은 다짐만이 아니었다. 집주인으로서 나는 이 집을 둘러싼 모두와의 모든 약속을 성실하게 다 지켰다. 공사는 예정보다 많이 늦어지고 있었다. 설명을 듣긴 했지만 납득할 수 있는 건 아니었다. 집을 둘러싼 많은 사람들이 지쳐가기 시작했다. 어느덧 이 집은 얼른 끝내야 하는 업무 리스트 중 하나로 여겨지는 듯했다. 나는 약속을 지켰으니 당신들도 나와 한 약속을 다 지켜야 한다. 언제 어느 때고 다른 말이 나올 때면 이 말을 해줘야겠다고 이 무렵 나는 하루에도 몇 번씩 되뇌이곤 했다.

나의 집에 당도하다

이미 예정한 날이 한참 지났다. 바야흐로 여름이 지나 가을이었다. 집은 완성이 되려면 멀어 보였다. 가장 문제가 되는 건, 창호였다. 말하자면 창문과 방문의 틀은 되어 있는데 문이 없는 상태였다. 우리 집의 창호가 다른 집보다 유난히 많아 시간이 오래 걸린다고 했다. 창호가 완성이 되어야 유리가 붙고, 도배를 할 수 있다고 했다. 창호와 도배가 끝나야 쪽마루를 붙일 수 있다고 했다. 창호의 미완성으로 인해 일은 순차적으로 밀려 있었고 언제 될지는 알 수 없었다. 납득할 수 없었지만 누구도 시원한 답을 해주지 않았다.

일주일에서 열흘 정도가 더 필요하다는 말을 듣고, 불편하지만 미완성 상태의 집으로 일단 들어가기로 했다. 과연 열흘 안에 다 될까, 싶은 마음이 들긴 했지만 불안한 마음을 애써 외면했다.

하긴 그렇게 하지 않을 도리도 없었다. 이사라는 건 나갈 사람과 들어올 사람의 일정이 물고 물리게 마련이다. 지체된 공사 일정 때문에 살고 있던 집에서 나와야 하는 날짜와 새집에 들어갈 날짜가 맞지 않아 이미 약 한 달여 전에 살던 집을 비워주고 임시 거처에 머물고 있었다. 그마저도 임시 거처로 지내던 이 집에 새로 이사올

분들이 정해졌고, 그분들의 이사 날짜는 원래 우리가 예정한 이사 날짜에 맞춰 정해졌다. 이사를 감행하기로 한 이유는 또 있었다. 임시 거처에서의 일상은 어쩔 수 없이 이도저도 아닌 날의 연속이었다. 살림살이를 제대로 펼쳐놓지도 못한 상황에서 밥을 해먹고 어쩌고 할 상황이 아니었다.

사먹는 것도 하루이틀이었다. 끼니 때마다 돌아다니는 것도 쉽지 않았다. 즉석밥과 반찬배달 서비스를 주로 이용해서 먹다 보니 저절로 소박한 밥상이 되었다. 먹는 건 그렇다고 해도 아침저녁으로 찬 기운이 슬슬 느껴지니 짐박스를 뒤져 가을 옷과 이불을 꺼내야 하는데 그 생각을 하니 엄두가 안 났다. 책상도 마땅치가 않아 밥상과 책상을 번갈아가며 오가는 '메뚜기'가 되었다. 이제 그만 어떻게든 안정된 일상으로 돌아가고 싶었다. 그렇게 이사를 했다.

어제까지만 해도, 아니 오전까지만 해도 '현장'으로 불리던 곳이 오후부터 '집'이 되었다. 새집에 왔다는 설렘보다는 극심한 피곤이 몰려왔다. 오전까지 공사가 진행된 탓에 집 안팎에는 온통 아직 채 가시지 않은 먼지로 가득했다. 입 안이 서걱거리는 느낌이었다.

새집에 들어왔다는 감격, 오래 기다린 이 순간에 대한 기쁨 대신 앞으로의 상황에 대한 걱정과 염려, 마당에 가득한 짐들을 정리할 생각에 눈앞이 캄캄해졌다. 공간에 맞춰 새로 짜맞춘 가구들은 아직 생경했고, 거기에 익숙한 살림을 집어넣고 새로운 질서를 부여하려니 뭔가 어색하고 정신이 없었다.

일단 책은 책꽂이로, 옷은 옷장으로, 그릇은 찬장으로 각자 있어야 할 곳들에 뭉텅이째 집어넣었다.

내 집임에도 온통 낯선 것들 천지였다. 가스레인지 대신 새로 들인 전기레인지에서는 불을 켜면 연기가 피어올라 무서워서 손도 못 대고, 써오던 '통돌이' 세탁기 대신 부엌에 짜맞춰 넣은 드럼 세탁기는 이게 대체 돌아가는 건지 뭔지 알 수 없었다. 김치냉장고와 냉장고를 따로 쓰던 것을 칸칸마다 냉동, 냉장으로 전환이 가능한 김치냉장고 하나로 대신하기로 했는데, 모드 전환이 제대로 된 건지 알 수 없었다. 창문이 안 달린 탓에 일단 임시 비닐로 가려놓은 창 밖에서는 바람에 날리는 비닐에 민감하게 반응하는 보안경고음이 수시로 울려 사람을 깜짝깜짝 놀라게 했다. 전기 콘센트는 온통 새것이라 빡빡해서 전원 연결을 한 번씩 할 때마다 용을 써야 했고,

방방 스위치는 어떤 게 대청 조명이고, 어떤 게 부엌 조명인지, 어떤 게 마당 조명이고 어떤 게 현관 조명인지 알 수 없어 불 한 번 켜려면 몇 번을 껐다켰다를 반복해야 했다. 대청에서 부엌으로 내려가는 단차는 빨리빨리 짐을 옮겨야 하는 순간에 매우 불편했다. 여닫이가 아닌 옛날식 찬장처럼 미닫이문으로 달아놓은 부엌 수납장 역시 손에 익지 않아 그릇을 정리하는 데 꽤 까다로웠다. 익숙하고 평이한 것을 피하고 조금은 독특하게 만들려고 애썼던 것들은 손에 익기까지 시간을 요구했다. 10년 넘게 써온 전기주전자는 서로 정신이 없는 와중에 물을 넣지 않고 전원 버튼을 올리는 바람에 졸지에 사망했다. 새로 산 전기레인지 사용법에 익숙하지 않은 우리는 물을 끓일 방법이 없어 커피 한 잔 만들어 마실 엄두도 내지 못했다.

피곤과 심난함이 교차하던 그날. 어느 순간 점점 짜증의 수위가 높아지려는 찰나. 나와 남편은 누가 먼저랄 것도 없이 철퍼덕 대청에 주저앉았다. 생각해보니 다시 못 올 순간이 아닌가. 집으로 오는 길. 그 기나긴 여정이 이제 끝이 났다. 이 집에서의 첫날. 우리는 두 손을 맞잡고 웃었다. 저절로 감사의 기도가 나왔다. 설핏 눈물이 비치기도 했었나.

처음 이 집을 만난 이래 수많은 고비와 뜻하지 않은 상황에 널을 뛰며 여기까지 왔다. 손에 쥔 게 넉넉하지 않았다. 오랫동안 꿈꾸던 것을 내 것으로 만들기 위해 치러야 하는 대가가 작지 않았다. 전전긍긍했던 숱한 밤, 어찌할 바를 몰라 몇 번이고 심호흡을 해야 했던 무수한 낮을 건너 지금에 이르렀다. '돈이 정말 많았나보다'라는 주위의 농담에 웃으면서도 너무 큰 욕심을 부린 건 아닌지 돌아볼 때가 많았다. 살던 집의 부동산 거래와 은행의 대출이 뜻대로 되지 않을 때마다 엑셀로 정리한 예산표를 보고 또 보며 얼마나 속이 까맣게 탔는지, 예정보다 지체되는 현장의 속도에 뭐라고 말도 못하고 속을 끓이던 순간은 얼마나 아득했는지 모른다.

괴롭기만 한 건 아니다. 건축가와 공간을 어떻게 설계할 것인지를 의논하고 나오는 길에 먹었던 시장통 잔치국수는 얼마나 맛있었는지, 현장을 오가며 장차 내가 살 동네의 골목길을 이리저리 다녀보는 즐거움은 또 얼마나 각별했는지, 수많은 책과 인터넷의 바다를 떠돌며 만나는 이미지를 앞다퉈 보여주며 취향의 동일함을 확인할 때마다 얼마나 반가웠는지 말로 다 할 수 없다. 그 순간을 함께 지나왔다.

집 한 채를 짓는 것은 우리만의 우주를 만드는 일과 같다고 앞에서 말한 바 있다.

이 우주를 창조하는 내내 힘들게 하고 즐겁게 하는 수많은 변수와 고비, 순간 앞에서 우리는 늘 한마음, 한 팀이었다.

완전한 집은 아직 멀었다. 오랫동안 기다리고 떠올려온 내 집의 첫날은 이런 풍경이 아니었다. 그러나 어디 인생이 동화를 꿈꾼다고 동화 같은 장면이 펼쳐지는 것이겠는가. 함께 창조한 공간에서의 첫날. 이대로여도 좋았다.

함께 헤쳐오는 동안 쌓인 여러 마음이 곳곳에 진하게 배어 있는 집 안 구석구석을 말없이, 눈으로 한참을 훑었다. 처음 이 집을 만났을 때로부터 얼마나 먼 길을 걸어왔는가. 비록 절반의 완성일지언정 그것이 무슨 대수랴. 이 공간에서 앞으로 오래오래 행복하게 살 것이다. 어려움이 없는 행복을 기대하지 않는다. 어떤 어려움이 올지언정 이 집에 오기까지 어려움을 헤쳐나온 그 힘으로 행여나 닥쳐올 어려움을 극복하고 늘 행복하게 이 집에서 살아갈 것이다. 지치고 심난한 마음으로 주저앉은 대청 앞에 고요한 마당이 펼쳐져 있고 맑은 하늘이 마당 위에 떠 있었다. 나의 마당, 나의 하늘이 내 집 안에 고요히 깃들어 있었다. 드디어 손 맞잡고 나의 집에 당도했다.

붉은 떡에 마음을 담다

이사를 온 뒤에도 집은 어수선했다. 하지만 이사를 왔으니 해야 할 일이 있었다. 이웃 분들께 인사를 드려야 했다. 아파트에 살면서는 이사를 했다고 해서 특별히 이웃들과 인사를 주고 받은 적이 거의 없었다. 이 동네에서는 그럴 수 없었다. 공사 기간 동안 너무나 큰 폐를 끼쳤으니 가서 감사하고 죄송한 마음을 전해야 했다. 이 동네에는 유난히 떡집이 많았다. 처음에는 인터넷으로 주문을 할까 했는데, 얼핏 보기에도 꽤 오래 같은 자리에서 떡을 만들어 파는 것 같은 집이 있었다. 이 집 떡 맛이 궁금하기도 했다. 붉은 시루떡을 넉넉하게 주문했다. 다음 날 집으로 배달을 온 떡은 몽실몽실한 맛이 내 입에도 잘 맞았다. 이제 인사를 하러 가야 한다. 나도 남편도 낯선 사람과 말을 나누는 걸 어려워한다. 누가 먼저 이웃집 초인종을 누르느냐, 안에서 사람이 나오면 누가 먼저 말을 건네느냐를 두고 서로 미루느라 잠시 지체를 했으나 떡이 식어가는 걸 보고만 있을 수는 없었다. 사실 그동안의 불편에 대해 어느 분이라도 거칠게 항의라도 하시면 어쩌나 하는 염려가 컸다. 하지만 이웃 분들 대부분 친절하게 대해 주셨고, 큰 쟁반에 가득 담아간 떡은 순식간에 사라졌다. 집에 돌아와 한숨 돌리고 나니 누군가 문을 두드린다. 나가 보니 초등학교

고학년쯤 되어 보이는 소녀 둘이 쑥스러운 듯 웃으며 서 있다. "저희도 떡 주세요!" 그 순간 나 역시 미소가 흘렀다. 아마 떡 돌리는 걸 어디선가 본 듯한데, 그 집까지는 순서가 안 돌아간 듯하다. 넉넉하게 싸서 들려 보내니, 받아 들고는 더 크게 웃으며 냉큼 달려간다.

저 소녀들은 모를 것이다. 우리가 이 집에 이사 온 뒤, 공사하러 오신 분들을 빼고, 자신들이 이 집을 처음으로 찾아온 손님이라는 걸. 붉은 떡은 옛날부터 이사한 집에서 별탈없이 지내고 싶은 마음을 담아 나누는 떡이다. 그 마음으로 떡을 돌린 날, 소녀들이 이 집의 첫 손님이 되어주었다. 이 집의 첫 손님이 환하게 웃으며 갔다. 대문을 닫고 중문을 거쳐 마당으로 들어섰다. 9월의 하늘이 내 집 마당에 가득하다. 하늘은 푸르고 내 마음도 푸르다.

마당에서 하늘을 본다. 처마 끝에서 이어지는 저 하늘은 온전히 내 것이다. 파란 하늘도 좋다. 흐린 하늘도 좋을 것이다. 이 하늘과 함께 살아가는 매일매일이 좋을 것이다.

나무를 심다

이 집을 짓는 내내 퇴계 선생의 도산서당을 떠올렸다. 더도 덜도 말고 딱 도산서당 같은 집을 나는 마음에 품었다. 소박하지만 정갈한, 일체의 군더더기 없이 아름다운 집. 그런 집의 화룡점정은 마당이었다. 나는 내 집의 마당 역시 그런 느낌이길 바랐다. 김동욱 선생님의 책 『도산서당, 선비들의 이상향을 짓다』를 보면 이런 문장이 나온다.

"퇴계 선생이 생각한 집은 벽으로 감싸고 지붕을 덮는 것으로 완성되는 것이 아니라 연못을 둔 마당과 샘과 화단과 울타리가 다 갖추어진 곳이었다. 퇴계 선생은 집이 완성되자 주변에 연못을 만들고 화단을 가꾸었다."

이 책을 만들 때 나는 사진작가와 함께 일부러 안동 도산서당에 가서 집 구석구석을 촬영했다. 페이지마다 촬영해온 사진을 배치했는데 마당의 사진 밑에는 위의 문장을 본문에서 뽑아 설명으로 넣었다.

나 역시 일단 이사를 했으니 이제 화단을 가꿀 차례였다. 도면을 그릴 때도 좁은

건 알았지만, 막상 이사를 하고 나니 마당의 좁은 실상이 한눈에 보였다. 그래도 나는 꼭 화단을 꾸리고 싶었다. 계절이 흘러가는 것을 나무와 꽃의 달라지는 잎색을 보며 이 마당에서 누리고 싶었다.

그러자니 이제 남은 건 하나였다. 무엇을 어떻게 심을 것인가. 내 마음속 일순위는 매화였다. 퇴계 선생이 무척 아꼈던 나무이기도 했고, 아버지가 소일 삼아 가꿔오신 과수원의 나무도 매화였다. 여기에 꽃이 오래가는 배롱나무도 심고 싶었다. 한지로 마감한 창문에 비치는 대나무 그림자를 보고 싶다는 마음에 대나무도 후보에 올랐다. 꽃나무 후보로는 수국, 철쭉, 장미, 라일락 등등이 올랐다. 키 낮은 꽃으로 수선화와 국화, 패랭이도 심고 싶었다. 다들 키우기 쉽고 꽃도 잎도 좋은 나무들이었다. 손바닥보다 조금 큰 화단에 심고 싶은 나무와 꽃이 너무 많아 집 전체를 화단으로 꾸며도 모자랄 판이었다. 그래도 비어 있는 저 좁은 땅에 뭘 심으면 어떤 풍경일까를 떠올리는 건 행복한 일이었다.

새로 심은 나무들이 자리를 잘 잡고 겨울을 잘 보내려면 봄에 심는 게 좋겠지만 내년 봄까지 기다리기 싫다면 늦어도 10월 말은 넘기지 않아야 했다. 시간이 별로 없

었다. 크지 않은 마당이니 따로 인부를 부르지 않고 우리끼리 해결해보기로 했다. 사실 뭘 심을까보다 더 큰 문제는 어떻게 심느냐였다. 동네 꽃집에서 화분을 사서 들이는 것과 마당에 나무를 심는 것은 아주 다른 일이다. 화분은 동네 꽃집에서 맘에 드는 걸 골라 값을 치르고 집에 가지고 오면 끝나지만, 나무는 사는 것도 일이고 가져오는 것도 일이며 와서 심는 것도 일이다. 나무를 심고 싶다는 마음뿐, 아무것도 모르는 내가 화훼단지에 뚜벅뚜벅 찾아가서 골라올 수는 없는 일이었다. 나는 10년쯤 전에 책을 만든 인연으로 아주 가끔 소식을 주고 받는 전용성 선생님께 연락을 드렸고, 선생님은 흔쾌히 도와주시겠노라 하셨다. 이른 아침 나 대신 꽃시장에 가신 선생님께 전화가 왔다. 배롱나무는 괜찮은데 오늘따라 쓸만한 매화가 없다고, 대신 사과대추가 괜찮은 게 있노라고, 예산에 맞춰 다른 것들을 좀더 가져가겠노라고 하셨다.

인생 뜻대로 되지 않는 것에 이제 익숙해질 대로 익숙해진 탓인지, 놀랍게도 그다지 서운하지 않았다. 매화나무가 아니어도 이 집에 들어오는 어떤 나무라도 그냥 다 좋겠거니, 싶었다. 배롱나무, 사과대추, 야광나무가 낙점되었다. 바깥에 마련한 화단에는 황금조팝나무 여러 그루를 심기로 했다. 다 심고 나니 황금조팝나무 두 그루가 남았다. 마당은 이미 포화 상태라 더 심기는 어려웠다. 나는 마당에서도 황금조팝나무를 보고 싶었다. 며칠 뒤 집 가까이에 있는 꽃집에 부탁해서 큰 화분 두 개를 주문해서 배송을 받았다. 흙도 한 포대 함께 샀다. 볕 좋은 날, 혼자 마당에 큰 비닐을 펼쳐두고 화분에 황금조팝나무를 직접 심었다. 마치 나무에게 새로운 터전을 내가 마련해주는 것 같았다. 흙을 한 번씩 손으로 다져줄 때마다 잘 살아라, 잘 살아라 하고 주문을 외웠다. 사는 김에 작은 국화 화분도 몇 개 샀다. 아직 꽃이 없는 마당을 이 작은 국화가 가을 내내 빛나게 해줄 것이다. 전용성 선생님은 11월 말경이 되면 비닐 등으로 줄기를 싸주는 게 좋다고 하셨다. 새로 심은 뒤 첫겨울이니 신경을 좀 쓰는 게 좋을 거라고 하셨다. 그 이야기를 들으니 살짝 긴장이 되었다. 어떻게든 잘 버텨줘야 할 텐데. 아침에 일어나 나무들의 안녕을 살피는 것이 중요한 일과가 되었다.

나무를 직접 심은 건 잘한 일이었다. 내 손으로 흙을 만지고 나무가 들어갈 자리를 만들고 행여 잔뿌리가 상할까 조심스럽게 자리를 잡아주는 그 과정이 참 좋았다.

나도 이 집에 사는 건 처음이고, 나무도 이 집에 사는 건 처음이다. 나도 나무도 새로운 땅에서 뿌리를 잘 내리고 살아내야 한다. 지금은 나의 힘으로 나무들이 자리를 잡겠지만 이 땅에, 이 집에 함께 살면서 언젠가는 이 나무들의 생기로 위로를 받고 힘을 얻을 날이 있을 것이다.

끝나도 끝난 게 아니다

이사를 했으나 온전한 집이 아니었다. 끝난 게 끝난 게 아니었다. 이사 후 두 달여 동안 혼돈과 혼란의 날이 이어졌다. 일주일 또는 열흘만 불편함을 참으면 될 거라고 했지만 불안한 예감은 틀리는 일이 없다. 여러 상황이 맞물려 점점 복잡해지고 있었다. 지난 여름의 끝부터 점점 공사가 늦어진 이유가 분명해졌다. 공사 지연의 이유를 들을 때마다 납득할 수 없던 것이 당연했다. 사실과 설명이 달랐기 때문이었다. 낭만에서 이제 그만 깨어나라고 누군가 어깨를 세게 흔드는 것 같은 날이 이어졌다.

생각했던 것보다 오래 창호 대신 비닐의 장막을 치고 살아야 했다. 방방마다의 도배는 창호가 완성되어야 가능했다. 안방의 온돌 바닥은 마루나 장판이 아닌 도배지를 바르기로 했는데, 이 역시 한지 도배와 맞물려야 했다. 물고 물리는 게임이 스톱된 듯한 막막함이란! 절정의 단계로 나아가는 찰나에 전원이 퍽, 하고 나간 느낌이다.

"세상에 다 좋기만 한 일이 없듯이 나쁘기만 한 일도 없다."

이 지당한 문장을 이전에도 알았다고 생각했지만 집을 지으면서 얼마나 되뇌었는지 알 수 없다. 그저 설레고 좋기만 했던 날들은 흘러간 봄날처럼 아득했다. 계획은 어긋났고 새로운 일정을 잡을 수 없었다. 출판사를 시작하고 세 번째 책이 나왔다. 만들기로 할 때부터 이 책이 나오면 새집에서 저자 선생님을 모시고 조촐하게 출판기념회를 열어드리고 싶었다. 책은 나왔는데 집은 아직이었다.

비닐을 처놓은 집에 손님을 모실 수는 없었다. 홀로 출판사를 시작하겠다는 결심을 말씀 드렸을 때 나보다 먼저 당신의 원고를 책으로 만들어달라고 해주신 분이었다. 아무것도 약속할 수 없는 출판사에서 선생님의 책을 내고 싶다는 말씀을 감히 드릴 수 없던 내 사정을 미리 헤아려주신 그 마음을 모르지 않았다. 국화꽃 화분 가득 채워놓은 마당을 바라보며 선생님과 가까운 분들을 모시고 즐겁고 따뜻한 자리를 만들고 싶었던 꿈을 이룰 수 없어 나는 못내 속이 상했다. 이사를 했으나 이사를 한 것도 아니고 아닌 것도 아닌 애매한 시간이 그렇게 흐르고 있었다.

뜻대로 되지 않는 상황 앞에서 깊은 스트레스로 머리가 혼미해질 때마다 나는 주문처럼 '세상에 나쁘기만 한 일이 없다'고 거듭 되뇌었다. 뭔가 일이 좀 되어간다 싶을 때면 예상치 못한 복병이 어디서 나타날지 몰라 마음속으로 늘 긴장하는 게 어느덧 습관이 되었다.

내가 겪은 바로 이 문장은 진리였다. 진리여야 했다. 집을 다 마무리하기 전에 이사를 오게 된 것, 비닐 장막 속에서 살아야 하는 건 분명 나쁜 일이지만 온전히 나쁘기만 해서는 안 될 일이었다. 좋은 점을 찾는 게 쉽지 않았다. 이사를 하고 나니 이웃 분들이 보시기에는 공사가 끝났다고 여겨진 듯했다. 참고 기다려왔다는 듯 민원이 줄을 이었다. 어떤 것은 합당했고 어떤 것은 말이 되지 않았다. 합당한 것은 해결하기 위해 애를 썼으나 내 선에서 해결이 안 되거나 억지에 가까운 것들도 있었다. 아무리 설명해도 막무가내로 일관하시는 데는 당할 수 없었고 새로 이사를 온 처지에서 얼굴을 붉힐 수도 없었다. 할 수 없이 요구를 들어드릴 때마다 속을 끓어야 했지만 어쩔 수가 없었다.

나는 이 상황에서도 좋은 점을 찾아야 했다. 그렇지 않고서야 이 답답한 상황을 버틸 힘이 없었다. 집을 다 마무리하기 전에 이사를 오게 되니 이 집의 구석구석이 어떤 분의 어떤 손길에 의해 완성되어가는지를 눈앞에서 볼 수 있었다. 그것이 내가 찾아낸, 이 나쁘기만 한 상황에서 찾은 좋은 점이었다. 현장을 오가며 잠깐씩 보는 것과 하루종일 그분들이 작업하는 걸 지켜보는 것은 실감의 정도가 완전히 달랐다. 그렇게 집은 이 빠진 곳을 나와 함께 하나하나 채워가고 있었다. 이사 후 그저 낯설기만 했던 집에도 차차 익숙해졌다. 가을 초입부터 겨울 초입까지 이 작은 한옥 한 채는 점점 더 나의 집이 되어가고 있었다.

텅 빈 벽

이 집에는 군더더기가 거의 없다. 처음부터 일체의 장식은 고려하지 않았다. 텅 빈 벽이, 그 사이에 쭉 뻗은 기둥의 직선이, 집 안 곳곳을 떠다니는 햇살이, 그것이 만들어내는 그림자가 고요한 집 안에 늘 넘치듯 흘러다닌다. 볕이 좋은 날, 대청에 비스듬히 누워 일렁이는 빛을 넋놓고 바라보는 일이 잦아졌다.

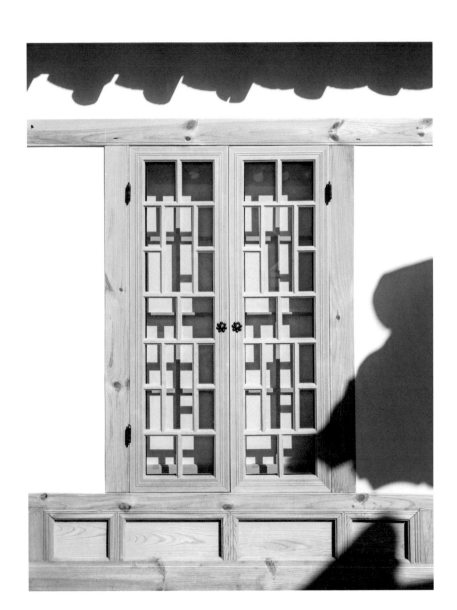

한옥의 얼굴, 창호

문제의 창호는 띄엄띄엄 들어왔다. 별채와 대청, 안방의 창호가 먼저 들어왔고 한 달쯤 뒤에 화장실과 부엌의 창호가 들어왔다. 작업실의 창호가 가장 나중이었다. 9월 중순경부터 들어오기 시작한 창호가 다 들어오고 공사가 모두 끝이 난 것은 11월 말이었다. 한 번 오실 때마다 며칠씩 꼬박 작업을 하셨다.

우리 집 창호를 만들어주신 사장님은 이 일을 하신 지가 40년도 더 되었다고 하셨다. 이 분 앞에서 20년 경력이란 '연장 다룰 줄도 모르는' 애송이였다. 본인의 작업장에서 100개가 훌쩍 넘는 창호를 다 만들어오신 뒤 미세하게 조정을 거쳐 하나하나 달아주시는데, 그럴 때면 언제나 사모님과 2인 1조다. 남편분의 솜씨에 대한 사모님의 자부심은 가히 하늘을 찌른다. '세상에 못하는 게 없는 남편'에 대해 신나게 말씀하시면, 무뚝뚝한 창호 사장님은 말리지도 않고 그냥 옆에서 가만히 들으시며 당신 하실 일을 하신다. 모른 척하시지만 입꼬리 부근이 슬쩍 올라가는 걸 나는 보았다.

완성 후의 창호는 아름답다. 다 만들어진 뒤 이사를 왔더라면 어땠을까. 물론 좋았을 것이다. 하지만 이것이 없던 때로부터 창호 사장님의 작업하는 모습까지 모두 지켜본 기억은 매우 각별하다. 문을 여닫을 때마다 만든 이의 자부심 넘치던 그 표정과 손길이 함께 떠오른다. 그 기억 덕분에 우리 집 창호는 나만의 무엇이 되었다. 한옥에서 창호는 얼굴과 같다고들 한다. 다 달아놓고 나니 그게 무슨 말인지 제대로 알게 되었다. 어떻게 이 문과 창을 만들었을까, 볼 때마다 신기하다. 저 창호가 과연 바깥의 찬바람을 막아줄까? 콘크리트로 벽을 세워 꽁꽁 막아도 추위를 완전히 막을 수는 없는데, 나무로 벽을 만들고, 한지와 유리로 막아놓는 걸로 추위를 막을 수 있을까? 나는 아름다운 것도 좋지만 은근히 걱정이 되기도 했다.

"이걸로 단열이 정말 되나요?"

창호 사장님은 단호하고 짧게 답하셨다.

"안 춥습니다."

더 여쭙고 싶긴 했지만 무뚝뚝한 표정에 더 말을 보탤 수는 없었다. 옆에서 이야기를 듣던 사모님이 거드신다.

"창호가 춥지는 않아요. 대신 이건 아셔야 해요. 나무로 만든 거라 일 년 정도는 계속 틀어지고 어긋나고 그럴 거니까 그런 줄 아세요. 나무가 제자리를 찾아가는 거라고 생각하면 되고, 일 년쯤 지나면 제자리를 찾아서 안정이 될 거예요. 그때까지는 좀 불편해도 참으세요."

이 이야기는 숱하게 들었다. 건조할 때는 나무가 줄어들고 습기가 많으면 나무가 물을 먹어 늘어난다는 말. 그래서 한옥을 지을 때는 가급적 수축과 팽창이 이미 끝난 고재를 쓰는데, 창호는 새 나무를 쓰기 때문에 한동안 줄어들고 늘어나는 걸 감안해야 한다고들 했다. 이사를 오기 전에는 그저 아름답고 보기에 좋은 것만 신경을 썼는데, 막상 와서 살아보니 아름다움으로 모든 게 해결이 되는 건 아니다. 살기에 좋은 집을 지은 걸까? 은근히 불안해지기도 했다.

그저 고운 집

도배하러 오신다는 연락을 받았다. 한옥의 얼굴이 창호라면 창호의 완성은 도배다. 눈꽃처럼 고운 한지가 대청 가득 펼쳐졌다. 한지를 척척 접어 한칼에 쭉 잘라 정확하게 붙이는 도배 사장님의 손끝을 보고 있자니 넋이 나갈 지경이다. 연장을 다루는 능숙함, 치밀한 마감이 어디 하루아침에 손에 익은 것이겠는가. 어떤 인연에 의한 것인지는 알 수 없으나 청년의 때 또는 그보다 어릴 때부터 단련하고 연마해온 기술의 집약이 아닐 수 없다. 하루의 작업을 마치고 돌아가시면 오늘 마무리한 문 앞에 앉아 손으로 조심스럽게 만져보곤 했다. 풀이 덜 말라 아직 축축한 한지는 이제 막 태어난 어린 생명체 같았다. 하루만 지나면 풀이 마른다. 팽팽해진 한지를 손가락 끝으로 툭 치면 그 팅기는 소리가 짱짱하다. 이제 갓 풀칠한 그때로부터 팽팽해져 어엿한 문이 된 것까지 지켜보았다. 문을 오갈 때마다 손끝에 닿는 한지의 감촉이 얼마나 좋은지 모른다. 도배가 모두 끝난 날. 집 안이 온통 하얗다. 그저 곱다. 곳곳에 정성이 가득한 이 집에서 나도 정성을 다해 살겠다는 다짐을 하지 않을 수 없다.

집이 나의 삶 속으로 들어오다

집은 차차 완성의 단계를 향하고 있다. 가장 아름다운 곳이 어디냐고 묻는다면 대청이다. 제일 넓은 곳도 그렇다. 서까래의 물결은 쏟아질 듯 풍성하다. 대청 마루에 누워 서까래를 세어보고 있노라면 그저 좋아서 세는 걸 자꾸 잊는다. 나는 아직도 대청 서까래가 몇 개인지 모른다. 그렇게 바라보고만 있어도 좋은 서까래다. 깊은 밤 양쪽 분합문 안쪽에 불을 밝히면 대청의 분위기는 사뭇 달라진다. 아늑함을 넘어 때로 경건한 마음이 일곤 한다. 대청에서 마당을 내다볼 때의 감흥이야 두말할 필요가 없다.

대청의 마루는 야심찬 시도다. 요즘은 새로 지은 한옥들에서도 일자형 마루를 많이 택한다. 이 집은 전통의 우물마루다. 구현은 쉽지 않았다. 보통의 자재로는 구현하기가 매우 어렵다고도 하고, 바닥에 보일러를 깔아야 하니 불가능하다고도 했다. 모두가 '노'라고 말할 때 건축가가 '예스'라고 답하며 내 손을 잡아줬다. 그도 나만큼이나 우물마루를 원했고, 내가 원하는 느낌을 만들어내기 위해 어렵사리 고재를 취급하는 업체를 찾아냈으며 덕분에 나는 원하던 것을 가졌다. 워낙 까다로운 자재인 탓에 물이 떨어지면 바로 닦아야 하고, 주기적으로 가구 전용 오일을 발라줘야 한다고 작업자가 당부했다. 본디 아름다움은 불편한 법이다.

마루가 깔린 날. 불편은 나중 일이고, 보고 있던 모두가 마루의 아름다움에 취한 하루였다. 세상에 아름다운 것은 많고도 많다. 그러나 집을 짓다보면 대청마루의 아름다움에 취하는 날도 있다.

이토록 아름답게 만들어낸 이곳에서 나는 무엇을 할까. 갓 완성한 대청에 앉아 나는 이 공간에서 내가 만든 책의 저자와 편집자인 내가 만나 책에 대해 이야기하는 풍경을 마음으로 그렸다. 풍경은 마음에만 머물지 않았다. 집을 짓는 동안 내가 시작한 출판사의 이름을 달고 세 권의 책을 세상에 내보냈다. 바라고 그리던 대로 세 번째 책의 저자와 가까운 몇몇 분을 모시고 조촐한 출판기념회를 이 마루에서 가졌다. 대부분 나와 저자와 편집자로 만난 분들이었다.

이 자리의 주인공인 선생님은 화가 이중섭의 평전을 쓰셨다. 꼬박 일 년도 더 넘게 선생님과 그 책을 만들었다. 이중섭의 생애를 알려면 이 책을 보아야 한다. 언젠가 도쿄에 갔을 때 이중섭이 공부했던 학교와 그가 자주 다녔다는 공원을 일부러 찾아간 적이 있다. 나는 선생님의 책을 만들며 화가 이중섭만이 아닌 인간 이중섭에 대해서도 깊이 들어갔다 나온 셈이다. 선생님과 함께 책을 쓰신 또 한 분의 저자는 나와는 처음 책을 만들게 되었다. 앞으로의 인연이 어떻게 흘러갈지 지켜볼 일이다. 또 다른 분은 월북화가 정현웅에 관한 책을 쓰셨다. 책이 나온 뒤 선생님께는 좋은 일이 많았고, 그 덕분에 나 역시도 책 만든 보람을 느꼈다. 고종의 어진을 둘러싼 이미지의 변천의 과정을 권력의 성쇠와 관련시킨 책을 쓰신 선생님도 이 자리에 와주셨다. 선생님은 내가 도쿄에 한 달쯤 머물 일이 있을 때 당신이 공부하러 갔을 때 머문 기숙사를 소개해주셨고 그 덕분에 쾌적하고 편하게 지내다 올 수 있었다. 국립현대미술관과는 내 나름 각별한 의미가 있다. 광복 60주년을 기념하여 국립현대미술관에서 펴낸 단행본을 내가 만들었는데, 그로부터 10년이 지나 광복 70주년을 기념하여 펴낸 단행본 역시 내 손을 거쳤다. 70주년 기념 단행본 출간을 위해 만난 자리에 담당 학예사분이 60주년 기념 단행본을 가지고 나왔고, 우리는 서로 이 인연에 놀라워했다. 그 이후로 한 권의 책을 함께 만들며 새로운 인연을 덧댄 그분도 이 자리에 있었다. 조선 시대 궁궐의 그림에 대해 쓰신 선생님도, 책을 만들지는 않았지만 오랜 인연으로 알고 지낸 분들도 와주셨다. 이 분들은 우리나라 근대미술사 분야에서 모두 빼놓을 수 없는 학자들이다. 각각의 분들과 각각의 책을 만들었는데 나중에 보니 서로서로 다 잘 아는 분들이었다. 책 한 권 만든 뒤 서로 볼일이 없어지는 그런 사이가 아니었다. 책을 함께 만드는 동안 전력을 다했고, 그렇게 한 시절을 책 한 권을 중심으로 함께 보내고 나니 생각만 해도 애틋해졌다. 소박하고 따뜻했던 그날, 나는 비로소 이 집이 나의 삶 속으로 들어왔음을 실감했다. 청년의 때로부터 지금껏 가장 오래, 기쁜 마음으로 해온 일이 책 만드는 것이었다. 내 생의 가장 큰 도전의 결과물이라 할 수 있는 이 집에서 내게 가장 익숙하고 기쁜 일을 해나가는 삶이 드디어 시작되었다. 비로소 나의 공간과 삶이 분리되지 않고 하나가 되어 흐르기 시작했다.

한우물을 파겠다는 다짐

1936년에 지은 오래된 한옥을 산다고 했을 때 주위의 반응은 대체로 '도대체 왜?'였다. 2017년 곡절 끝에 이 집을 산 이후 공교롭게도 서울 지역 아파트값은 고공행진을 하고 있었다. '다 쓰러져 가는 한옥을 살 돈이 있으면 아파트나……' 하던 분들의 끌탕도 아주 오래까지 이어졌다. 한옥 짓는 일의 진척이 뭔가 더뎌보일수록 끌탕의 데시벨도 높아졌다. 사람은 누구나 오기라는 게 있다.

'멋지게 집을 지어보이고 말겠다!'

누구를 향한 건지는 모르지만 허공을 향해 두 주먹 불끈 쥐는 게 일상다반사였다. 주먹 불끈 쥔 순간마다 한옥 한켠에 마련할 나의 작업실만 생각했다. 힘이 불끈 솟았다. 작업실의 주인은 온전히 책이어야 했다. 이 집과 더불어 시작한 나의 출판사에서 만든 책들이 내 책상과 책꽂이에 가득한 풍경은 떠올리기만 해도 배가 불렀다. 이곳에서 나는 내가 좋아하는 책들을 마음껏 만들겠다, 내가 좋아하는 음반을 책장 가득 꽂아두고 아침마다 그날의 음악을 골라 종일 들으며 일하겠다, 읽고 싶

었지만 못 읽었던 두꺼운 벽돌책도 쌓아두고 닥치는 대로 읽어보겠다, 책상 앞 창문을 활짝 열어두고 봄이면 새순을, 여름에는 진초록을, 가을에는 꽃잎을, 겨울에는 쌓인 눈을 바라보며 50살이 되고, 60살이 되어가겠다……

나는 밑동이 썩어 금방이라도 넘어갈 것 같은 철거 현장에서부터 작업실의 완성을 수도 없이 떠올렸다. 나만을 위해 공간을 만드는 경험을 누구나 쉽게 할 수는 없다. 나의 취향과 목적에 가깝게 만들어질 공간에 대한 기대가 어찌 없을까.

그러나 한동안 이 꿈은 접어야 했다. 이사를 하고 마무리는 더디게 진행되었다. 비닐의 장막으로 작업실은 어수선했다. 그리고 아침저녁으로 찬기운이 선뜻 느껴지던 어느날. 거짓말처럼 불현듯 작업실이 완성되었다.

이제 나는 아침이면 차 한 잔을 내려 작업실로 출근한다. 서까래의 도열은 아름답고 사방은 온통 꽃처럼 하얗다. 손을 뻗으면 내가 만든 책과 읽고 싶은 책이 가득하다. 약속이 없는 날은 텍스트에 둘러싸여 하루를 보낸다. 때때로 형식은 내용을 규정하고 지배한다. 나는 이 작업실을 살아가면서 내가 취할 형식의 틀로 삼고 싶다. 내가 창조한 이 형식 안에서 책을 만들고 일상을 꾸려나갈 것이다.

이 공간은 아주 오래 한우물만 파온 수많은 이들의 손길로 완성되었다. 이 안에서 나 역시 오래오래 한우물을 팔 것이다. 세월의 깊이가 곱게 쌓인 결과물을 하나씩 만들 것이다. 이 다짐은 어쩌면 자칫 편집자로 그만 살 뻔했던 나에게 여전히 책 만드는 즐거움을 간직하게 해준 이 집과의 인연에 감사하는 나만의 답례일지도 모르 겠다.

한 번의 칼질은 돌이킬 수 없다. 어떤 인연에 의한 것인지는 알 수 없으나 청년의 때 또는 그보다 어릴 때부터 단련하고 연마해온 기술의 집약이 여기에 베풀어져 있다. 모든 작업의 순간은 엄정하다. 대충대충이란 이 직업의 세계에서 있을 수 없다.

문자향을 그리다

처음으로 온전히 완성된 곳은 별채였다. 창호가 빠짐없이 붙고 도배도 끝났다. 유리까지 다 붙으니 어엿한 방이다. 대청에서 마당을 건너야만 들어갈 수 있는 방이다. 어른 한 사람이 몸을 옆으로 뉘일 수조차 없는 작은 방이다. 서까래를 고스란히 드러내고 벽은 온통 하얀색 한지로 둘렀다. 문을 열고 들어가면 문자향이 충만한 공간을 만들고 싶었다. 빛이 환한 날이면 저 문을 활짝 열어둘 것이다. 문 앞에 심어둔 배롱나무 꽃향이 방 안으로 흘러흘러 들어올 것이다.

화장실을 위한 심사숙고

어디 하나 공들이지 않은 곳은 없다. 화장실 천장 서까래를 드러내는 것에 반대가 워낙 많았다. 습기가 많아 나무가 상할 수 있기 때문이다. 집을 짓는 내내 서까래에 거의 홀려 살았던 나는 이 고운 걸 감추는 것에 동의하기 어려웠다. 쓰지 않을 때는 문을 다 열어놓고 지내겠다, 샤워를 하고 난 뒤에는 반드시 물기를 닦아내겠다고 약속했다. 서까래를 드러내기 위해 고려해야 할 것이 많았다. 환기를 위해 창을 냈고, 햇빛이 통하는 창을 또 냈다. 완성 후 역시 열어두기 잘했다고 생각했다. 공들여 고른 화장실의 소품이 제자리를 잡을 때마다 더할 수 없이 흡족했다. 가장 마음에 드는 건 문에 집어넣은 유리였다. 굳이 노크하지 않아도 불이 켜 있는 것으로 안에 사람이 있는지를 알 수 있게 되었다. 맘에 드는 이유는 따로 있다. 이 집 마당에 처음 들어섰을 때 만난 유리를 나는 어떻게든 집 안 곳곳에 쓰고 싶었다. 공간 디자인의 일관성을 유지하고 싶어서라고 했지만 자투리 유리를 어떻게든 버리고 싶지 않아서이기도 했다. 유리 달린 화장실 문은 이사온 뒤 한참 뒤에야 만들어졌다. 이 문이 달린 날. 나는 어린아이처럼 문 앞에 서서 스위치를 몇 번이나 켜고 껐다.

부엌, 뭔가 좀 다른 느낌

대청을 중심으로 오른쪽에 화장실이 있다면 왼쪽 분합문을 열면 쓸모에 꼭 맞춘 부엌이 있다. 단차를 둬서 오르내릴 때마다 리듬감이 느껴진다. 나이 들어 무릎이 아플 거라고들 하지만 아직 내게 노년은 먼 일이다. 서까래는 역시 열어뒀다. 그 덕분에 같은 집 안에서 서로 다른 서까래의 맛을 누리며 산다.

이 부엌에서 가장 공을 들인 건 다름아닌 상부장이다. 시스템 싱크대로 이 부엌을 채우고 싶지는 않았다. 어릴 때 할머니집에서 쓰던 찬장의 느낌을 살리고 싶었다. 유리가 달린 문이어야 제격이었다. 유리로 말할 것 같으면 바로 '그' 유리다. 대청을 중앙에 두고 양 옆에 보일 듯 보이지 않게 이 유리를 둔 나는 집에 손님이 올 때마다 자랑한다. "이 유리로 말할 것 같으면……." 다른 건 몰라도 이 유리만큼은 더더 자랑하고 싶다. 유리의 쓸모는 이게 끝이 아니다.

부엌을 마무리하면서 오래 고민했던 건 또 있다. 집도 작고 부엌도 작으니 식탁을 놓을 공간이 애매했다. 매번 밥을 먹을 때마다 밥상을 펴고 접고 싶지는 않았다. 예전 집은 부엌과 안방 사이에 단차를 두었고, 아마 그 사이로 난 문을 통해 밥상을 수시로 날랐을 것이다. 이 집에서는 그 유전자를 계승하여, 대청과 부엌 사이에 단차를 두었고, 그 사이에 식탁을 넣었다. 부엌 쪽에 있는 사람은 의자에 앉지만, 대청 쪽에 있는 사람은 바닥에 앉는 모양새다. 이렇게 함으로써 좁은 공간에 식탁을 만들어 넣을 수 있었다.

그렇게 식탁을 해결하고 나니, 식탁 위에 설치할 식탁등을 고를 일이 남았다. 이 식탁등 하나를 정하기 위해 우리는 얼마나 숱한 밤 인터넷을 뒤져야 했는가. 을지로, 방배동, 논현동 등등을 얼마나 찾아 헤매야 했는가. 식탁등은 평소에 정말 갖고 싶은 걸 갖기로 굳게 다짐했다. 책꽂이며 테이블, 부엌의 찬장과 식탁, 싱크대 등 집 안의 모든 가구는 이 집의 목공사를 맡아준 임목수님께 부탁했다. 어차피 이 집은 규격 밖의 세계였다. 다른 곳에서 맞춰와야 했는데, 나는 이 집을 지어준 그 목수의 손길로 끝까지 마감을 하고 싶었다. 그렇게 해야 완결성을 부여할 수 있겠다고 생각했기 때문이다. 있는 듯 없는 듯 공간에 스미는 듯한 가구를 원했다. 저절로 소박해졌다. 그러니 식탁등 하나 정도는 화려해도 좋겠다 생각했다. 비용이 만만치 않았지만 이번이 아니면 가질 수 없다고 생각했다. 하지만 고르러 다닐수록 두 가지 고민이 생겼다. 어지간히 인테리어에 신경을 쓴 집이라면 대부분 우리가 원하는 펜던트 등이 설치되어 있었다. 큰맘 먹고 가져볼까 했던 그 등은 이제 쉽게 볼 수 있는 흔한 물건이 되어버렸다. 식상해 보이기까지 하는 그 등을 사고 싶은 마음이 갈수록 희미해졌다. 또 하나의 고민은 역시 크기였다. 원하던 등은 물론이고 마음에 좀 든다 싶은 것들은 좁은 식탁 위에 어울리지 않았다. 자칫하면 등을 이고 사는 형국이 될 것 같았다. 그러다 이 등을 만났다. 간혹 기사에서 본 적이 있어 들어보긴 했는데 검색을 하는 동안 자주 눈에 띄었다. 국내 브랜드로, 선대의 가업을 아들이 잇는 기업의 스토리도 좋았고 여기에서 밝힐 수는 없지만 브랜드의 작명에 얽힌 이야기도 좋았다. 굳이 유명한 등을 사놓고 어울리지 않아 고민하는 것보다 이야깃거리가 있는 편이 낫겠다고 생각했다. 디자인이며 크기 역시 우리 식탁에 잘 어울렸다. 식탁에 불이 들어올 때마다 이 등을 고르기까지의 우리 이야기가 같이 떠오른다.

다시, 나란히나란히

이 집의 '처음'을 봤던 많은 이가 이 자리의 유리창을 마음에 들어 했다. 나도 그랬다. 이 집의 건축가 역시 그랬다. 그는 설계할 때부터 이 유리창을 어떻게 구현할까 고민했다. 나는 이 집에 쌓인 시간을 존중한다고 표현했고, 그는 처음의 집을 향한 오마주라고 했다. 모든 유리를 있던 걸로 쓰고 싶었다. 하지만 크기가 맞지 않아 중앙에만 넣을 수 있었다. 남은 유리는 부엌 찬장으로, 화장실 문으로 각각 흩어져 이 집 곳곳에서 빛나고 있다. 양쪽 넓은 창의 유리는 요즘 나오는 제품이다. 수십 종 중에서 원래 유리와 분위기가 비슷한 걸 찾았다.

누구든 이 집에 온 사람이면 자연스럽게 맞은편 쪽마루에 걸터앉아 이 모습을 가만히 바라본다. 단정한 배치도 좋고, 오래된 문양의 유리창에 부서지는 빛도 좋다. 새로 고른 유리 문양도 오래된 유리와 제법 잘 어울린다. 오래된 집의 '처음'과 새 집의 '새것'이 한자리에 이렇게 모여 있다.

한낮의 나의 집

이사 와서 걷는 맛을 알았다. 서울 주택가에 살게 되면서 가장 큰 골칫거리는 바로 주차였다. 출퇴근을 할 일이 없으니 주로 어딘가에 차를 세워둬야 하는데 맘 편히 주차할 곳이 없었다. 생각해보니 차를 쓸 일이 별로 없을 것 같았다. 버스 정류장과 지하철역이 멀지 않고 서울 시내 어디든 한두 번만 갈아타면 어렵지 않게 찾아갈 수 있었다. 차가 필요하면 공유차를 이용하면 될 일이었다. 이사 온 뒤 일주일 동안 주차로 전전긍긍하다 결국 차를 팔았다. 차를 없애고 나니 생활의 방식이 저절로 달라졌다. 가까운 곳은 어지간하면 걷기 시작했다. 그러면서 동네 산책하는 재미에 빠져들었다. 집 앞 골목을 빠져나가 큰길에서 오른쪽으로 꺾으면 대학로, 왼쪽으로 꺾으면 성북동이다. 언덕을 넘으면 한양도성길로 이어지고 더 넘어가면 미술관과 맛집이 앞다퉈 나온다. 조금 더 조금 더 걷다가 한두 시간을 훌쩍 넘기고 오는 날이 많다. 창경궁 정도는 걸어서 다녀오는 게 익숙해졌고, 도성길을 따라 삼청동까지 다녀오는 길이 마음에 쏙 들어 틈만 나면 그 길을 걷는다. 어느 쪽이든 걷는 재미가 있다.

동네 식당이며 과일가게, 정육점, 약국, 세탁소, 카페, 꽃집 주인들과 안면을 익히는

것도 재미라면 재미였다. 오가다 만나기라도 하면 반갑게 인사를 건네는 분들도 있다. 어느 집 칼국수가 맛있고 어느 집 짬뽕이 맛있는 걸 알게 되었다. 비 오는 날 가는 식당과 추운 날 가는 식당이 정해졌다.

길고양이들끼리의 권력 관계도 점차 눈에 들어왔다. 이사 온 뒤 나를 볼 때마다 소스라치게 놀라 도망가던 검은 고양이는 이 구역에 들어온 지 얼마 안 된 신참이다. 내가 지나가거나 말거나 신경도 쓰지 않던 노랑이가 이 구역 터줏대감이다. 집 바깥에 새로 마련한 화단을 화장실로 쓰기 위한 두 친구의 대치로 한동안 무척 시끄러웠다. 냄새가 나고 파리가 꼬였다. 안 될 말이었다. 고양이들에게는 미안한 일이었지만 남은 기와로 화단 나무 주변을 다 덮었다. 오가는 길에 만나는 검은 고양이도 이제 나를 보고 도망가지 않는다. 두 친구 사이에 평화가 도래한 듯했다.

뭐니뭐니해도 좋은 건 골목길에 들어서면서부터 보이는 내 집이다. 한걸음 한걸음 걸을 때마다 집이 점점 가까워진다. 하나부터 열까지 모두 다 내가 챙기며 지은 집이다. 저 기와부터 화방벽의 벽돌까지, 와편의 간격부터 창살의 두께까지 어느 것 하나 내 마음이 닿지 않은 것이 없다.

이 집에 살면서 내가 누리는 이 각별한 즐거움은 이 집을 보자마자 겁도 없이 덜컥 사기로 했던 그날의 나는 미처 생각하지 못한 것이었다. 고생 끝에 오는 낙을 맛보는 나날이다. 그날의 나에게 '참 잘했어요'라는 칭찬 도장을 아낌없이 찍어주고 싶은 날들이다.

첫눈

이사 후 가을을 보내고 어느덧 겨울이 되었다. 가까스로 비닐 장막을 다 걷어내고, 쪽마루가 붙었다. 거짓말처럼 며칠 뒤 첫눈이 왔다. 곱게 내리는 눈을 대청마루에 앉아 고요히 감상하는 풍경을 떠올렸다. 틀렸다. 빗자루를 들고 집 앞으로 나갔다. 늦었다. 이미 우리 집 앞은 눈이 소복하게 쌓였다. 앞집 골목길은 이미 말끔하다. 서툰 빗자루질이 영 미덥지 않았는지 앞집 아저씨가 말없이 우리 집 앞을 쓸고 가신다. 대문을 열고 중문을 열기 전 옷과 신발에 묻은 눈을 툭툭 털어낸 뒤 마당에 들어섰다. 눈을 피해 마당에 있던 온갖 살림들을 치워야 했다. 눈비 내리는 날 댓돌 위 신발은 어디에 두어야 할까.

눈은 쉽게 그치지 않았다. 2018년 겨울의 첫눈은 함박눈이다. 대청마루에 앉아 마당에 쌓이는 눈을 한참 바라봤다. 지난 가을에 심은 나무 위에 어느새 눈이 쌓였다. 저 나무들은 이 겨울을 잘 견뎌낼 수 있을까? 알 수 없는 일이다. 나무도 나도 이 집에서 보낼 첫 번째 겨울이 시작되었다.

2018년 겨울이 시작되었다. 첫눈이 내렸다. 이 해 겨울 내내 서울에서는 눈이 거의 내리지 않았다. 한옥으로 이사 후 첫 번째 내린 눈을 바라보며, 이 집을 지은 모든 분들의 겨울이 안녕하기를 바랐다. 그 기원의 대상에는 나 역시 들어가 있었다.

대문을 이루는 것들

한동안 대문에 문고리 하나 붙어 있는 채로 지내야 했다. 대문에 장식을 달아야 하는데 이게 그렇게 간단한 일이 아니었다. 나는 시중에서 쉽게 구할 수 있는 꽃모양 장식 대신 꾸밈이 없는 광두정을 달고 싶었다. 서촌 어딘가의 집 대문 장식이 마침 내가 원하던 것과 같아서 알아보니 돈이 있다고 무조건 달 수 있는 게 아니었다. 처음 대문의 장식을 이걸로 하고 싶다고 하자 관계자들이 난색을 표했다.

그도 그럴 것이 이런 물건은 시중에서 쉽게 살 수 있는 게 아니었다. 일단 문화재장인이 만드는 것이며, 가격은 일반 장식보다 네다섯 배 정도 되는데 이걸 만드는 장인이 일정이 맞지 않거나, 내키지 않으면 안 만든다고 했다.

전화로 주문을 하는데 어찌나 퉁명스러운지, 두 번 전화를 할 용기가 안 날 법도 했다. 대략적인 가격을 물어봐도 답이 없다. 그러더니 한 달도 더 지나서 무심히 연락을 주신다. 택배로 보내온 상자를 열어보니 이 분께 이걸 받기 위해 애쓴 보람이 있다.

이걸 달기 위해서는 숙련된 목수의 손길이 필요하다. 우리 집 가구를 만들어준 임 목수님이 와주셨다. 우리 대문은 방향이 좋아 휘거나 뒤틀리지 않았다고 하신다.

나무는 그 본성대로 움직이는 속성이 있어 어떻게 잘라서 집의 재료로 쓰더라도 원래 제모양으로 돌아가려는 시기가 있다고 한다. 그 시절이 지나야 새로 획득한 역할에 적응하여 안정된 형태를 유지한다고 한다. 말하자면 이 집의 나무들은 새로운 역할에 적응 중이다. 나 역시도 이 집과 출판사 대표의 역할에 적응 중이다. 나무도 나도 이 시절을 잘 보내기를 바란다. 완성된 뒤의 대문은 오갈 때마다 흐뭇하다. 이렇게 하나하나 집은 진정한 완성의 단계로 나아가고 있다.

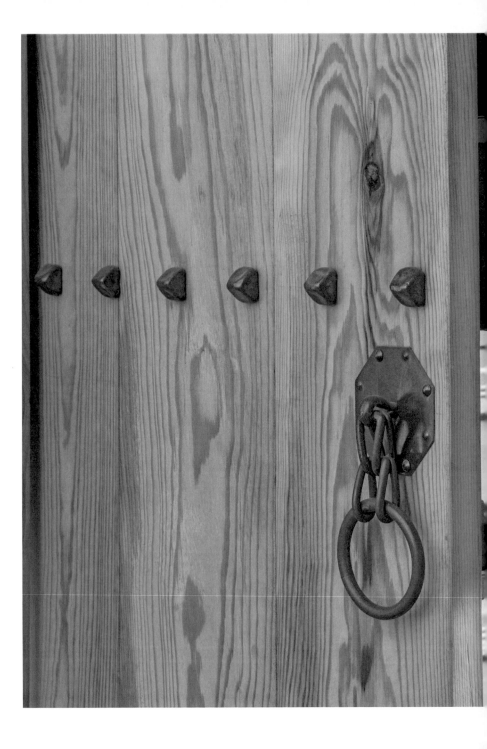

밤이 깊었네

어느덧 겨울이 깊었다. 며칠 동안 자리에서 일어나지 못했다. 최근 들어 이렇게 심하게 몸살을 겪은 일이 없다. 그동안 몸과 마음이 고생한 탓이라고들 했다. 2017년 여름부터 2018년 겨울까지 치열했으니 틀린 말이 아닐지도 모른다. 집 한 채와 맺은 인연의 파장이 이렇게 클 줄 몰랐다.

그 파장은 나를 어디로 이끌어온 걸까. 고열에 시달리며 약 기운에 취해 정신없이 잠에 빠져들다 잠깐 눈을 뜨면 쏟아질 듯 도열한 서까래의 물결이 보이고, 꽃처럼 고운 순백의 창 너머 바람 지나가는 소리가 들린다.

마흔 무렵부터 막연하게 떠올린 '10년 후'가 도래했고, 정신을 차려보니 낯선 한옥 작은 방에 누워 40대의 마지막 겨울을 보내고 있다. 게다가 숱하게 그려왔던 책방 주인이 아닌 1인 출판사의 어설픈 대표가 되어 있다.

잘한 일일까? 그동안 외면했던 질문과 마주했다. 홀리기라도 한 듯 정신없이 지냈다. 집을 짓는 것도, 직장인으로서의 삶을 마무리하는 것도, 출판사를 시작하는 것도 모두 간단치 않았다. 정신을 바짝 차리고 허둥대지 않으려고 노력했지만 돌이켜 보니 놓친 일이 많았다. 하지만 이미 지난 일들이다. 나는 이 집을, 건강이 허락

하는 한 쪽 책을 만들며 사는 삶을 선택했다. 선택은 두 가지였지만 결국 집 한 채로 인해 일어난 일이었다. 잘한 일인지 아닌지는 아직은 모른다. 좋은 결과를 만들어내는 것만이 내 선택을 빛나게 할 것이다. 좋은 결과란 무엇일까. 그것도 아직 모른다. 어떻게 살고 싶은가에 달렸겠지.

어릴 때부터 나는 공짜로 주어지는 행운과는 거리가 멀다고 생각했다. 내 손에 쥐어진 건 열심히 노력해서 얻어낸 결과라고 여겼다. 남들에게 찾아오는 행운의 달콤함이 부러운 적도 있고, 그에 비해 나는 참 고단하게 산다고 여기기도 했다. 그러다 언젠가부터 노력만 하면 대가가 주어지는 삶도 그럭저럭 괜찮다고 받아들이기 시작했다. 노력하지 않고 저절로 쥐어지는 행운 같은 건 기대하지도 않았다.

그런데 지금 내가 누리는 이 '10년 후'가 온전히 나의 노력의 대가일까? 나는 선뜻 그렇다고 답하지 못했다. 아무리 생각해도 지난 10여 년 동안 생각했던 것보다 훨씬 더 좋은 '10년 후'를 보내고 있다.

지금의 '10년 후'를 만들어준 건 다름아닌 책이다. 나는 책을 만들며 밥을 먹고 살았고 낯선 도시에 내 영토를 개척했다. 친구를, 동료를, 선배를, 후배를 만났고, 유쾌하고 지혜로운 어른들, 존경하는 선생님도 만났다. 내 육신의 안녕과 마음을 나누는 숱한 관계 역시 책을 만드는 행위에서 비롯되었다.

나는 다시 앞으로의 10년 후를 그리기 시작했다. 이 집에서 책을 만들며 고요히 살고 싶다. 책을 만들기만 하지 않고 마음껏 읽으며 살고 싶다. 책을 매개로 내 옆에 서준 귀한 관계들과 더 견고하게 마음을 나누고 싶다. 이 모든 것의 배경은 바로 이 집이 될 것이다. 책과 집과 내 삶이 한덩어리로 흘러가길 바란다.

한옥에서 보내는 첫 겨울. 생각보다 훨씬 춥다. 천장의 서까래를 열겠다고 고집했을 때 추울 거라던 말을 듣긴 했으나 이 정도일 줄은 몰랐다. 화장실에는 바닥 난방을 했으나 방수 처리를 너무 철저히 한 탓인지 온기가 올라오지 않는다. 작은방일수록 벽체와 가까이 있어 더 춥다는 걸 몰랐다. 방은 뜨끈뜨끈하지만 공기는 차갑다. 안채에서 마당을 거쳐 별채로 드나들 때마다 각오를 단단히 다져야 한다.

그래도 한옥으로 이사 온 걸 후회하지 않는다. 이 겨울이 지나면 봄이 올 것이다. 마당에 심은 나무들의 어린 잎이 곱게 올라올 것이다. 봄이 머지 않았다. 지금도 좋지만 더 좋은 날이 올 것이다.

봄이 오고 있다

겨울이 무척 길었다. 한옥에서 보내는 첫 겨울은 여러 모로 낯설었다. 집은 예상하지 못한 불편함이 있었고, 예상보다 편한 부분도 있었다. 어떤 일이든 그럴 것이다. 익숙해지는 데는 시간이 필요하다. 공사가 미진한 채로 겨울을 보내야 했다. 겨울이 길었던 건 그 미진함 때문이었다. 완전히 끝나는 날이 언제일까, 생각하는 것도 언제부터인가는 그만하게 되었다. 실망은 체념이 되었다. 넘어지면 넘어진 그 자리를 딛고 서야 한다. 나를 넘어지게 하는 것도, 다시 일어날 발판이 되는 것도 같은 자리다. 집을 지으면서 많은 사람을 만났다.

이 집을 설계해준 건축가, 선한공간연구소 엄현정 소장은 집과 관련한 모든 시작의 거의 대부분의 첫 단추를 끼웠다. 성심껏, 성실하게 우리의 요구에 더해 자신의 생각을 잘 구현해주었다. 만날 때마다 유쾌하고 즐거웠다. 원고를 넘기면 그냥 책이 되어 나온다고 생각하는 이들이 간혹 있다. 그런 분들에게 편집자란 틀린 글자를 잡아주고, 컴퓨터로 인쇄할 수 있는 상태의 데이터를 가공하는 사람이다. 편집자는 그런 일만 하는 사람이 아니다. 같은 원고여도 편집자에 따라 전혀 다른 책이 만들어진다. 정답이 없는 일이니 마음에 맞는 편집자를 만나는 것은 저자에게 중요하다. 집도 마찬가지다. 수많은 집들이 지어진다. 많은 건축주들이 건축가에게 설계를 맡기는 걸 번거롭거나 불필요한 일이라고 여긴다. 관공서에 제출하는 서류를 대신 작성해주는 사람으로 여기는 경우도 있다. 건축가는 공간을 창조하고, 재창조한다. 건축주의 요구를 반영해서 도면으로 그려내는 일은 공산품의 규격품을 만드는 것과는 다른 일이다. 역시 정답이 없는 일이니 마음에 맞는 건축가를 만나는 것은 집주인에게 중요하다. 나는 집을 처음 지어봤다. 뭘 알고 지은 게 아니었다. 집을 잘 짓고 싶다는 마음, 그것 하나였다. 이 무모하고 대책 없는 소망에 길을 잘 내준 사람이 엄현정 소장이다. 집을 지은 뒤 여러 사람이 집을 다녀갔다. 2019년 초등학생이 된 조카 이하윤 어린이는 7살 시절에 이 집을 둘러보고 이렇게 말했다. "집은 작은데 예뻐! 그런데 우리는 어디에서 자?" 다녀간 뒤 그 아이에게 나는 '서울 고모'에서 '작은집 사는 고모'가 되었다. 그 아이는 지금도 간혹 이 집에 대해 이야기한다. 작업실 풍경, 대청마루 촉감, 마당에서 언젠가 놀고 싶다는 기대, 같은 집 안에서의 다른 높낮이, 얼핏 무서워 보이는 서까래. 집은 논리적인 분석의 대상이라기보다 사는 사람의 느낌으로 설명할 수 있다. 어린 아이가 눈과 몸으로 느낀 것,

그것이 이 집의 정체일지도 모른다. 아이의 눈에 예뻐 보이는 집, 구석구석 할 이야기가 많은 집, 앞으로의 날들이 기대가 되는 집. 첫 단추의 순간에 그가 있었다.

이 집의 마지막에는 그럼 누가 있을까. 시공을 맡은 업체의 현장 담당자 이경서 씨가 있다. 지난 겨울을 버틸 수 있었던 건 그 덕분이다. 최선을 다한다는 것, 책임을 진다는 것이 무엇인지 그를 통해 다시 깨달았다. 정확히 말해 책임도 최선도 그가 할 일이 아니었다. 그럼에도 그는 나의 집을 홀로 두지 않았다.

미진한 공사로 스트레스를 받을 때 주위에서 집 짓는 일을 둘러싸고 온갖 경험담이 쏟아져 들어왔다. 공사의 기간은 늘어나는 게 당연하고, 비용은 추가되는 것이 당연하고, 집을 짓고 나면 부실한 것이 당연하고, 당연하다. 당연한 일이 왜 이렇게 많은 걸까. 사정은 다 각각이었으나 표정은 하나같이 냉소적이었다. 집을 짓는 분들을 둘러싼 실망과 체념, 분노. 원래 다 그렇고 그런 사람들이라는 비난조의 이야기. 시장이 형성되고 산업으로 발전하려면 작은 집을 짓는 일이 이렇게 어려워서는 안 될 것이다. 공사비를 둘러싸고 일어나는 많은 문제에 많은 사람들의 경험이 쌓여 있는데 이에 대한 대책이 전무하다는 게 놀랍다. 이런 문제 앞에서 나 역시 속수무책이었다. 그럴 때 이경서 씨가 지켜주었다. 나의 집과 우리 마음의 평화를.

봄이 오고 있다. 우리는 미진한 채로 두고 보았던 집의 이곳 저곳을 손보기 시작했다. 거슬리던 것들이 하나씩 해결되어가는 모습을 보고 있자니 마음이 다시 부풀어오른다. 마당에 심은 나무들이 새순을 틔우고 있다. 지난 가을 내가 준 기운으로 자리를 잡은 이 나무들이 벌써 내게 힘이 되어준다. 긴 겨울이 지나가고 새 봄이 온다. 내가 시작한 출판사의 다음 책이 곧 세상에 나올 것이다.

첫 번째 책은 빈터에서 펴냈다. 저자의 귀한 신뢰로 이루어진 일이다. 출판사의 시작을 의미 있게 해주었다. 길고양이와 함께 사는 이야기를 담은 두 번째 책은 누구보다 나에게 큰 도움이 되었다. 이 집에 와서 고양이와 치러야 했던 신경전을 이 책 덕분에 잘 넘어갈 수 있었다. 세 번째 책은 존경하는 선생님과 다시 한 번 저자와 편집자로 인연을 이어갈 수 있게 해주었다. 한 해에 여섯 권의 책을 꾸준히 내는 게 앞으로의 계획이다. 어느덧 책을 만드는 작업실에서 가을과 겨울, 두 계절을 보냈다. 앞으로 이 집에 이사온 지 일 년이 되는 9월까지는 모든 날이 이 집에서 보내는 새 날이다. 집도 출판사도 새 봄을 시작한다.

또다시, 시작

번화한 서울 시내 한복판 지하철역에서 나와 길 따라 쭉 걷다가 골목길 세 번을 꺾어 들어가면 작은 한옥 한 채가 있다. 1936년부터 이 곳에 있던 이 집은 2017년 주인이 바뀌고 2018년 수선의 과정을 거쳐 여전히 여기에 서 있다. 이 집 덕분에 나는 여전히 편집자로 살고 있다. 집 주소에서 따온 출판사의 이름으로 한 권 한 권 책을 만들어 나가고 있으며, 이 집의 철거 전부터 이사 후까지의 기록을 엮어 펴낸 책 한 권을 통해 많은 독자들과 집에 대해 교감하는 귀한 경험을 갖기도 했다. 집 공사는 책이 나온 뒤 한참 뒤에야 비로소 마침표를 찍었다. 믿었던 사람에 대한 실망과 뜻밖의 선의 앞에 마주한 고마움이 교차하는 날들이 한동안 이어졌다. 주변의 집요한 민원을 겪으며 이 또한 지나갈 것이라는 주문을 곱씹기도 했다. 그렇게 이런 저런 마음과 생각이 널을 뛰는 와중에 집은 점점 익숙해졌다. 마당의 나무는 꽃을 피우고 열매를 맺더니 다시 잎을 떨궜다. 이 집의 '처음'과 이 집을 만든 이들과 이 집에서 하고 싶었던 일들을 잊지 않는다. 그 기억을 터전 삼아 이 집에 사는 동안 나의 이야기는 점점 더 쌓이고 집과 나는 하나가 되어 흐를 것이다. 그렇게 오늘도 이 작은 한옥 한 채는 여전히 나의 집이 되어가고 있는 중이다.

이 책을 둘러싼 날들의 풍경

한 권의 책이 어디에서 비롯되고, 어떻게 만들어지며,
이후 어떻게 독자들과 이야기를 만들어가는가에 대한 편집자의 기록

2017년 6월. 서울시 종로구 혜화동 좁은 골목길 안쪽의 작은 한옥 한 채와 이 책의 편집자가 인연을 맺다. 이 집은 1936년 6월 2일부터 같은 자리를 지켜왔으며 처음 지은 뒤로 큰 수리나 수선을 거치지 않아 비록 다 쓰러져 가고는 있었으나 원형을 잘 간직하다.

2017년 8월. 매매 계약이 이루어지다. 집의 수선을 위한 건축가와 시공사와의 계약을 진행하다.

2017년 12월. 건축설계도면을 완성하다. 이 책의 편집자이자 집주인은 집의 철거부터 완성의 과정을 사진으로 기록하기를 꿈꾸다. 약 13년 전 저자와 편집자로 인연을 맺은 이래 친구처럼 막역한 사이로 지내고 있는 사진작가 황우섭과 이야기를 나누던 중 꿈꾸고 있는 바를 이야기하다. 이야기를 들은 황우섭은 흔쾌히 동참의 뜻을 밝히다.

2018년 1월. 철거 전의 집을 둘러본 황우섭은 이후로 며칠에 걸쳐 홀로 돌아보며 집의 구석구석을 살펴보다.

2018년 2월. 몇 차례에 걸쳐 황우섭이 촬영한 사진을 받아든 편집자는 이 사진을 개인의 기록으로 두기에는 아쉽다는 생각을 하다.

2018년 3월. 인터넷 신문 <오마이뉴스>에 연재를 제안하다. <오마이뉴스>에서 제안을 수락하다. 26일 '작은 한옥 수선기'라는 제목으로 혜화1117의 블로그와 <오마이뉴스>를 통해 연재를 시작하다. 연재를 시작한 이후 매회 <오마이뉴스> 메인에 주로 배치되다. 주요 포털에 기사가 함께 소개되면서 많은 독자의 관심을 받기 시작하다. 연재는 이후 2019년 2월까지 26회에 걸쳐 이어지다. 집은 철거를 시작하다. <오마이뉴스> 연재가 거듭될수록 독자들의 반응이 뜨거워지다. 주요 포털 등에 '작은 한옥 수선기'의 연관 검색어로 '황우섭', '황우섭 한옥' 등이 등장하다. 황우섭은 주변 사람들로부터 한옥을 또 사서 짓느냐는 연락을 받다. 이 집을 황우섭의 것으로 생각하는 사람이 많아지다.

2018년 8월. 철거 이후 모든 공사의 과정마다 황우섭의 촬영이 이어지다. 사진을 중심으로 블로그 및 <오마이뉴스>의 연재도 이어지다. 완공을 앞두고 기념으로 간직하기 위해 사진 이미지를 중심으로 간략한 설명을 붙여 함께 집을 지은 이들을 비롯한 주위 사람들과 나눌 비매품의 작은 책자의 간행을 준비하다. 완공 일정이 지연되어 살던 집을 먼저 내주고 임시 거처를 구해야 하는 상황에 이르다. 경복궁역 인근에 있는 황우섭의 한옥이 몇 달 동안 비어 있게 되다. 공사가 끝날 무렵까지 이곳에서 지내기로 하다. 한옥으로 이사 가기 전 한옥에 먼저 살아볼 기회를 갖게 되다.

2018년 9월. 철거 후 약 6개월여에 걸쳐 공사가 이루어졌으나 완공 일정이 예정보다 지연되다. 약 70퍼센트의 공정이 진행된 상태에서 이사를 하다. <오마이뉴스>는 물론 블로그와 포털을 통해 독자들의 많은 관심이 이어지다. 이러한 관심을 지켜보며 집을 지으면서 해온 여러 생각을 독자들과 나누고 싶다는 생각을 하기에 이르다. 황우섭의 사진을 바탕으로 블로그와 <오마이뉴스>의 글을 그대로 실어 책을 출간하는 방안을 고민했으나, 한 번 공개한 글을 책에 그대로 싣는 것보다는 그 글을 바탕으로 삼되 새롭게 구성하는 것이 낫겠다고 판단

하다. 전체 원고를 다시 쓰며 글의 구성과 순서, 내용을 모두 새롭게 정리하다.

2018년 10월. 약 2개월여에 걸쳐 원고 및 구성안을 1차 마무리하다. 본문의 디자인을 디자이너 최수정에게 의뢰하다. 나머지의 공사가 띄엄띄엄 이어지다.

2018년 11월. 본문의 시안이 나오다. 이에 맞춰 원고를 다시 정리하다. 원고에 맞춰 황우섭은 사진을 다시 선별, 정리하는 과정을 거치다. 사진과 원고의 구성 및 내용을 두고 사진을 맡은 황우섭과 글을 담당한 이 책의 편집자가 수차례의 의논을 거듭하다. 나머지의 공사가 매우 띄엄띄엄 이어지다. 공사 진행에 따라 황우섭의 사진 촬영 작업이 이어지다. 그에 맞춰 원고의 추가 작업 역시 이어지다. 1차 조판을 완성하다. 본문 PDF파일을 바탕으로 원고의 추가는 물론 추가 촬영이 이루어지다.

2019년 1월. 추가 원고와 사진을 토대로 책의 구성 전반에 관한 전체적인 조율이 이루어지다. 대대적인 원고의 수정과 교정의 작업이 이어지다. 책에 수록할 최종 이미지와 글의 내용을 확정하다. 책의 제목을 연재의 제목에 맞춰 '작은 한옥 수선기'로 정하다.

2019년 2월. 수정 원고와 추가 사진에 관한 정리를 끝낸 뒤 본문의 디자인 작업을 새롭게 정비하다. 원고의 수정과 교정을 병행하다. 책의 제목을 '작은 한옥 수선기'에서 '나의 집이 되어가는 중입니다'로 변경하다. 사진작가 황우섭을 통해 건축가 황두진 선생에게 이 책의 추천사를 정중히 부탁하다. 본문 PDF파일을 살펴본 황두진 선생이 흔쾌히 수락하다. 이 책의 편집자가 만든 책의 저자인 김동욱 선생께 이 책의 추천사를 부탁하다. 전통 건축의 권위자인 선생께 개인 살림집의 수선 기록에 추천사를 부탁하는 것이 민망하여 망설이다 뒤늦게 결심, 청탁의 메일을 드리다. 곧바로 써주시겠노라는 회신을 받다.

2019년 3월. 황두진 선생의 추천사를 받다. 김동욱 선생의 추천사를 받다. 이 책의 모든 요소를 확정하다. 표지 및 본문을 최종적으로 점검하다. 드디어 편집의 모든 작업이 끝나다. 18일 인쇄 및 제작에 들어가다. 표지 및 본문 디자인은 최수정이, 제작 관리는 제이오에서(인쇄·민언프린텍, 제본·정문바인텍, 용지·표지-아르떼 210그램, 순백색, 본문-미색모조 95그램), 기획 및 편집은 이현화가 맡다.

2019년 3월 25일. 혜화1117의 네 번째 책, 『나의 집이 되어가는 중입니다』 초판 1쇄본이 출간되다.

2019년 3월 29일. 『문화일보』에 '오래된 한옥 고치며……새로운 삶을 만들다'라는 제목으로 전면 기사가 실리다.

2019년 3월 30일. 『조선일보』 [내 책을 말한다]에 '나의 집이 되어가는 중입니다' 라는 제목으로 저자가 책에 관해 직접 쓴 글이 실리다.

2019년 4월 5일. 『서울신문』 [칼럼니스트 박사의 사적인 서재]에 '손때로 지은 한옥, 내 안의 작은 우주'라는 제목의 서평이 실리다.

2019년 4월 9일. 『국민일보』에 '옛집의 시간을 잇는 마음으로 한옥을 수선했습니다-이현화 혜화1117 대표'라는 제목으로 인터뷰 기사가 실리다.

2019년 4월 10일. 『한국일보』 [집 공간 사람]에 '80세 한옥의 변신, 혜화1117 "140개 창으로 열린 집"'라는 제목으로 전면 기사가 게재되다. 『채널예스』 [프랑소와 엄의 북관리사무소]에 '어떻게 살까? 고민하게 만든 책'이라는 제목의 서면 인터뷰 기사가 실리다.

2019년 4월 17일. 국악방송 '문화시대, 김경란입니다'와 인터뷰하다.

2019년 4월 23일. 『오마이뉴스』에 '나의 집이 되어가는 중입니다 글 쓴 이현화 씨'라는 제목으로 인터뷰 기사가 실리다.

2019년 4월 23일. 교육방송 'EBS FM라디오 행복한 교육세상'과 인터뷰하다. 진행자 문지애 아나운서는 책에서 '집을 짓는다는 것은 꿈을 줄이고 마음을 내려놓는 것과도 같았다', '그들의 투박한 손길에 실린 그 자부심을, 이것으로 되었다는 그들의 판단을 나는 존중해야 마땅했다'를 마음에 드는 문장으로 꼽다.

2019년 5월 10일. 서울 대학로 책방이음에서 독자들과의 만남을 갖다.

2019년 5월 11일. 혜화1117 한옥에서 인터넷 서점 알라딘 독자들과 '작은 한옥 마당에서 즐기는 오후의 책 한 권'이라는 제목으로 만남을 갖다.

2019년 5월 12일. 혜화1117 한옥에서 인터넷 서점 예스24 독자들과 '작은 한옥, 이렇게 만나고 이렇게 고쳤습니다-일제강점기에 지은 도시형 한옥, 먼저 고쳐본 사람에게 묻고 듣다'라는 제목으로 만남을 갖다.

2019년 5월 17일. 서울 연신내 니은서점에서 독자들과의 만남을 갖다. 이 서점의 북텐더이자 사회학자 노명우 선생은 이 자리에서 이 책 119쪽 마지막 문단에서 120쪽 첫 문단까지의 문장을 직접 낭독하다.

2019년 6월 12일. 교육방송 'EBS 지식채널 e'에서 이 책과 집을 중심으로 제작한 '내가 만든 우주' 영상이 방영되다. 이후 유튜브에 업로드되다. 이 외 비슷한 시기 타 방송사에서 제작한 영상이 방영되었으나 그 내용이 책의 취지와 맞지 않아 방영 후 방송사의 '다시 보기' 등에서 내리도록 조치하다.

2019년 6월. 북촌한옥지원센터에서 전체 4강으로 구성한 2019 시민한옥학교 '한옥생활교실' 강좌 중 제2강(나의 작은 한옥 수선기-혜화1117 이현화 대표)과 제4강(혜화1117, 140개의 창으로 열린 편집자의 작업실-선한공간연구소 엄현정 소장)을 통해 집과 책에 관해 독자들과 이야기를 나누다.

2019년 6월 26일. 강원도 속초의 동네책방 완벽한 날들에서 정기구독자를 위한 6월 도서로 선정하다. 선정 이유를 밝힌 글 중 일부를 다음과 같이 발췌하다. "이번 정기구독 도서로 선정된 『나의 집이 되어가는 중입니다』는 한 출판편집자가 혜화동에 있는 1936년에 지어진 개량한옥을 매입하고 수리하는 과정을 담은 책입니다. 하지만 옛 한옥을 수리하는 과정을 담은 책이라고만 하기에는 그 안에 한국에서 말하는 '집'이란 무엇인지, 우리가 최우선으로 여기는 가치를 어디에 두어야 하는지 끊임없이 고민을 하게 만드는 책입니다. 저자는 이 80년 된 한옥을 수리하는 과정에서 '효율성'과 '가성비'를 완전히 포기합니다. '집'에 대한 개념이 재테크 이상도 이하도 아닌 요즘 시대에 '집'의 개념을 '나와 함께 살아 갈 집'으로 재정의 합니다. '낡고 오래된 것'을, '시간과 이야기가 담긴 역사'로 재해석하며 '보존'에 최우선 가치를 둡니다. "바쁜 현대사회"라고 하지만 우리가 버려야 할 것과 지켜야 할 것에 대한 고민이 부족한 이 시대에 일침을 놓는 책입니다. 한국에서 재개발은 늘 큰 이슈였습니다. 재개발은 집을 단순히 부수고 새로 짓는 것 이상으로 부동산에서는 꽤 쏠쏠한 재테크의 수단입니다. 재테크와 부동산이 아닌 사람사는 집에 대해 한번쯤 생각해 보게 되는 그런 책입니다."

2019년 6월 29일. 제주 보배책방에서 독자들과의 만남을 갖다.

2019년 11월 9일. 강원도 강릉 지앤지오말글터 서점에서 독자들과의 만남을 갖다.

2019년 12월. 서울문화재단에서 발행하는 정기간행물 '문화+서울' 12월 호에 서평이 실리다.

2020년 1월 23일. 초판 2쇄본이 출간되다. 2쇄본에는 1쇄본 출간 이후 추가로 공사가 이루어진 집 사진과 수선 전후 변화를 보여주는 도면을 추가하다. 도면 추가는 집 전체를 가늠할 수 있는 도면을 보고 싶다는 독자들의 요청을 반영한 것으로, 이를 위해 일부 페이지를 조정하다. 또한 사진의 느낌을 더욱 잘 전달하기 위하여 사진의 색감 및 배치를 전체적으로 점검, 변화를 주다. 약간의 텍스트를 추가하다. 1쇄본과 동일한 페이지 수 안에서 이루어진 여러 변화의 반영은 디자이너 김명선이 맡아 하다. 이후 기록은 3쇄 이후 추가하기로 하다.

나의 집이 되어가는 중입니다

2019년 3월 25일 초판 1쇄 발행
2020년 1월 23일 초판 2쇄 발행

지은이 황우섭 사진 이현화 글
펴낸이 이현화
펴낸곳 혜화1117 **출판등록** 2018년 4월 5일 제2018-000042호
주소 (03068)서울시 종로구 혜화로11가길 17(명륜1가)
전화 02 733 9276 **팩스** 02 6280 9276 **전자우편** ehyehwa1117@gmail.com
블로그 blog.naver.com/hyehwa11-17 **페이스북** /ehyehwa1117 **인스타그램** /hyehwa1117

ⓒ 황우섭, 이현화

ISBN 979-11-963632-3-9 03610

이 도서의 국립중앙도서관 출판예정도서목록(CIP)은 서지정보유통지원시스템 홈페이지(http://seoji.nl.go.kr)와
국가자료종합목록시스템(http://www.nl.go.kr/kolisnet)에서 이용하실 수 있습니다. (CIP제어번호 : CIP2019009330)